Otto Benzing

Geschichten vom Neckarursprung

Band 2

36 Miniaturen
vom Anfang des 17. Jahrhunderts
bis zur Stadterhebung 1907

1. Auflage

Für den Schulgebrauch bestimmte Ausstattung

1978
Verlag Hermann Kuhn GmbH & Co. KG
Villingen-Schwenningen, Stadtbezirk Schwenningen

Das Umschlagbild schuf auf Wunsch des Verlags
der aus Schwenningen stammende, jetzt in Bremerhaven lebende
Kunstmaler Hans Müller-Hanssen.
Die Buchillustrationen zeichnete die in Seitingen-Oberflacht wohnende
Künstlerin Inge Martin.

Villingen-Schwenningen, Stadtbezirk Schwenningen
1978 (1. Auflage)
ISBN 3-87450-003-9
Satz und Druck: VID Verlags- und Industriedrucke GmbH & Co. KG
Villingen-Schwenningen, Stadtbezirk Schwenningen

Inhaltsverzeichnis

Die links stehenden Ziffern bedeuten die Kapitelnummern,
die rechts stehenden die Seitenzahlen.

Vorwort

Vielfältige Zustimmung zum ersten Band meiner »Geschichten vom Neckarursprung« haben meine Freude an der Arbeit zum zweiten Band verstärkt. Er führt nun bis zum Ende der Schwenninger Dorfgeschichte. Die Darstellung der Schwenninger »Stadtgeschichte« bleibt späteren Schreibern vorbehalten.

Wieder habe ich mich bemüht, die Geschichte so sicher wie möglich auf den überkommenen Urkunden zu gründen, die Vergangenheit selbst sprechen zu lassen. Und wieder hat Frau Inge Martin mit großer Gewissenhaftigkeit die geschilderten Szenen so lebendig ausgestaltet, daß auch dieser Fortsetzungsband zu einem ansprechenden Geschichtsbilderbuch geworden ist.

Die Schicksale des abseits auf dem Scheitel der Baar gelegenen Dorfes mögen von außen her gesehen unbedeutend erscheinen. Schwenningen hat zur Entwicklung der Landes- und Reichsgeschicke nichts Besonderes beigetragen. Wer aber mit Anteilnahme die Fäden verfolgt, welche die hier gewählten Ausschnitte einer Dorfgeschichte wirkend durchziehen, der wird bald feststellen, daß die oben sichtbaren Fäden nicht nur Teilstücke eines weiträumigen Geflechtes sind und oft unsichtbare Linienzüge farbig auftauchen lassen, sondern daß auch die begrenzten Muster spannende Einzelbilder formen, welche die bewegenden Kräfte des Weltgeschehens lebenswarm und beispielhaft vor Augen stellen.

Ich wünsche den Lesern der beiden Bücher, daß sie sich von den mannigfaltigen Widerfahrnissen der Menschen am Neckarursprung ebenso packen lassen, wie das Durchforschen der schriftlichen Quellen in den Archiven mich selbst gepackt hat. Wenn es darüber hinaus meinen Geschichten gelingt, bei ihren Lesern die Liebe zu unserer Baar-Heimat zu wecken oder zu vertiefen, dann sind sie nicht vergeblich geschrieben.

Schwenningen, Herbst 1978 Otto Benzing

1602

Ums Erbrecht 1

Der Bläsische Fronhof soll geteilt werden

Weinend kam das Jörgle zur Mutter in die Küche gelaufen. Am Wettbächlein drunten hatte es mit den Nachbarskindern ein Wasserrad gebaut; da waren der Michel und der Hanß, die beiden Vettern, vorbeigekommen und hatten mit Steinen alles zusammengeschmissen. Die Mutter seufzte; es war schon bald nicht mehr zum Aushalten mit denen da drüben. Ihre Schwägerin, die Gertraude, hetzte ihre beiden Buben fast jeden Tag auf zu neuen Schandtaten; es gab ewig Ärger und Verdruß. Erst gestern hatten die Kerle ihr die Gänse so durcheinandergescheucht, daß sie bis in den Angel hinuntergeflogen und abends kaum heimgekommen waren. Bestimmt waren die beiden Lauser auch schuld daran, daß ihre Wäsche auf der Bleiche so mit Dreck verschmiert worden war.

Als jetzt der Thise-Gödde zur Tür hereinkam und nach dem Grund des Kinderjammers fragte, rief sie wütend: »Wenn nuu' dr Blitz emool däana drii' schluog!« Der Gödde verwies ihr die unchristliche Rede. Gewiß würde das Feuer dann auch ihre eigene Hofhälfte nicht verschonen; der Bläsihof sei nun halt mal als Doppelhof gebaut worden. Da sie nun, mehr um sich und den Buben abzulenken vom gemeinsamen Ärger, den Alten fragte, wie es eigentlich zu diesem »Großhof« gekommen sei, zog der Matthis einen Hocker herbei und fing an zu erzählen, während sie dem Jörgle einen Ranken Brot abschnitt und mit Honig bestrich.

Soviel er wisse, sei der Großhof bald nach dem Bauernkrieg aufgebaut worden, und zwar genau an der Stelle, auf welcher

vorher der sogenannte »Gyrerhof« gestanden hatte. Der Abt von St. Blasien habe die abgebrannte Hofstatt samt 160 Stück Feld von den Fürstenbergern gekauft und einen Klosterhof daraus gemacht. Diesen habe er den Brüdern Matthis und Martin Jauch zum gemeinsamen Lehen gegeben und ihnen versprochen, er werde binnen vier Jahren ein Doppelhaus für sie bauen lassen. Seitdem waren immer zwei oder auch mehr Jauch-Brüder als Klosterleute auf dem Hof gesessen. Im Dorf erzählte man sich, sie hätten sich allweil gut miteinander vertragen. Als vor etwa dreißig Jahren die eine Linie ohne Hoferben geblieben und der alte Jerg Jauch jäh gestorben war, hatte seine zweite Frau mit ihren vier Buben beide Hofhälften zusammen umgetrieben und sich das Recht dazu vom Abt bestätigen lassen. Der Matthis meinte, die Elsbeth müsse sich an die Ahne noch erinnern, sie sei doch damals wohl schon in die Schule gegangen. Die Frau bestätigte es und sagte, sie wisse auch noch, wie der Jörg, der Sohn aus erster Ehe, nach auswärts geheiratet habe und wie dann bald darauf der Ewald, der älteste Bruder ihres Mannes, beim Holzmachen ums Leben gekommen sei.
Ja, fuhr der Alte fort, dann wollte auch die Ahne nimmer, und der Abt schloß mit den großjährig gewordenen verbliebenen Brüdern, deinem späteren Mann und deinem Schwager Gorgus, einen neuen Lehensvertrag. Sie wirtschafteten gut zusammen und übernahmen sogar vom Kloster St. Clara in Villingen ein weiteres Lehen mit 70 Stück Feld. Ihre Mutter führte ihnen den Haushalt, so gut das eben in ihrem Alter noch ging, bis auch sie das Zeitliche segnen mußte – 25 Jahre nach dem Tod ihres Mannes. Weiter brauchte der Matthis nicht zu erzählen, die Fortsetzung hatte Elsbeth selber erlebt. – Die Brüder beschlossen, notgedrungen, zu heiraten. Und seitdem war alles anders geworden. Ihre Weiber hatten sich von Anfang an nicht leiden können. Gertraude, die Wälderin, dunkel und großgewachsen, war eine strenge Schafferin, herb und ehrgeizig, immer darauf bedacht, den Besitz zu mehren. Elsbeth dagegen, die behäbige Wirtstochter, war ewig zufrieden und vergnügt, ließ den Dingen

gern ihren Lauf und saß mit ihrem Stoffel des Abends schon lange auf der Hausbank, während drüben noch die Holzschuhe und die Gelten klapperten. Kein Wunder, daß ihre Schwägerin hintenherum über »äa fuul Mai'tsch« schimpfte, sie aber sich vor »sellem schaffnärscha Koab« zu fürchten begann.
Schlimm war's, daß die beiden Brüder sich allmählich vom Wesen ihrer Weiber anstecken ließen. Es kam so weit, daß der Stoffel im Frühjahr von der warmen Stubenecke aus zuschauen konnte, wenn der Gorgus sich draußen im Schneematsch abschindete. Sie trennten den Besitz in zwei Hälften. Dann verpachtete Stoffel leichten Herzens die abgelegenen und die geringeren Felder, während der Gorgus nicht genug Äcker dazupachten konnte. Es dauerte ein paar Jahre, da gerieten sie beide wieder in die Schulden – der eine, weil er sich übernahm, der andere, weil er sich nicht plagen wollte. Beide gingen sie den Abt um ein Darlehen an. Als das ruchbar wurde, erschien der Tuttlinger Keller auf dem Hof und machte ihnen Vorhaltungen. Da diese nichts nützten, lud er sie vor den Obervogt, Herrn Georg von Ulm. Getrennt ritten sie aufs Amt. Der Gorgus ließ mit sich reden; er versprach, seine Wirtschaft wieder einzuschränken. Der Stoffel aber erklärte, seine Elsbeth sei kein Roß, sie könne einfach nicht soviel arbeiten; und mit der Schwägerin werde sie sich nie und nimmer vertragen.
Insgeheim wandte er sich an den Dorfvogt, den alten Hanß Bentzing, denn er war vor ein paar Jahren selbst ins Gericht gewählt worden. Er ließ sich eine Urkunde ausstellen und vom Trossinger Schulmeister besiegeln. Die lautete: »Wir, Vogt und Gericht zu Schwenningen am Neckar, bekennen offentlich mit dißem Briefe, daß an heutigem dato für unß erschienen ist der erbar Stoffel Jauch und unß zu erkennen geben, daß sich etwas Spähn und Irrung zwischen ihme und seinem Bruoder, Gorgus Jauchen, von wegen ihrer Behausung und Lehenschaften erheben wollen, mit freundlicher Bitt, ihm, was bisher im Flecken Schwenningen gebräuchig gewesen, schriftlichen Schein und Urkund zu geben. Demnach so urkunden wir, daß biß anhero

und länger denn bey Menschengedenken bey unß allhie zu Schwenningen, wie auch in andern umliegenden Flecken gebräuchig gewesen, daß wenn zwey Brüeder oder mehr Geschwistrig mit einander gehauset, und dann in ein Erbteilung gekommen, daß alßdann die Ältesten sich mit Geld hinweg haben müssen weisen lassen, und der jüngst Sohn die Haußhaltung und Lehenschaft besessen, jedoch den andern um billige Wiederlegung.«

Mit dieser Urkunde ging Stoffel nach St. Blasien, und bald darauf erschien der Bläsische Klosterkeller bei Gorgus und eröffnete ihm zu seinem Entsetzen, der Abt habe den gemeinsamen Lehensbrief für null und nichtig erklärt und allbereits dem Stoffel einen neuen ausgestellt. Demnach gehöre fortan die gesamte Lehenschaft, Haus und Hof, dem Jüngsten. Der werde ihn mit Geld ausrichten. Der Gorgus lief in seiner Verwirrung zum Vogt. Dort wurde er mit dürren Worten abgewiesen: in Schwenningen sei's nun mal so der Brauch. Da blieb ihm nichts anderes übrig, als die Herrschaft um Hilfe anzurufen. Erhard Müller, der alte Schulmeister, mußte ihm eine Supplik an den Herzog aufsetzen. Darin stand, daß er ein hartschaffender Mann und guter Haushalter sei. Er habe durch 26 Jahre hindurch den Fronhof mit seinem Bruder gemeinsam genützt und genossen; sie hätten auch ihre andern Geschwister ausbezahlt und miteinander ein weiteres Lehen dazugekauft. Sie hätten glücklich zusammen gehaust, bis ihre Weiber darauf bestanden hatten, getrennte Haushaltung zu führen. Er hoffe nun, sein gnädiger Fürst und Herr werde ihm zu seinem Recht verhelfen und dafür sorgen, daß er in seinem ererbten und seitdem wohlerworbenen Besitz bleiben dürfe.

Mit dieser Supplik ritt er wieder zum Obervogt. Herr Georg versprach ihm, sich für ihn einzusetzen. Es dauerte allerdings Monate, bis Bescheid kam aus Stuttgart. Die herzoglichen Räte wiesen klar und unzweideutig darauf hin, daß »Folio 389 des herzoglichen Landrechts ausdrücklich alle besonderen Satzungen, Ordnungen und Gewohnheiten aller württembergischen Städte und Flecken kassiert, vernichtet und aufgehoben sein sollten«. Damit galt auch in Schwenningen fortan nicht mehr das überkommene Anerbenrecht des jüngsten Sohnes, des »Hofengels«, sondern die landesübliche Realteilung unter allen Geschwistern.

Stoffel bekam seine Hälfte wieder uneingeschränkt zugesprochen. Aber das Glück auf dem Fronhof blieb zerstört. Die beiden Brüder starben kurz hintereinander. Als der Dreißigjährige Krieg übers Land kam und das Dorf verwüstete, waren ihre Nachkommen so verschuldet, daß hinterher ihr ganzer Besitz vergantet wurde. Nur einer der Enkel, Michael Jauch, konnte den vierten Teil um tausend Gulden freikaufen. So blieben die Jauch wenigstens auf einem Rest des Bläsischen Fronhofs sitzen.

Die beiden angeführten Urkunden liegen im Haupt- und Staatsarchiv in Stuttgart. Die verschiedenen Lehensbriefe der Familie Jauch über den Bläsischen Fronhof oder »Großhof« werden im Generallandesarchiv in Karlsruhe aufbewahrt. Die Frauengestalten sind erfunden. Die unten genannten »Theus Jouchen erben« aus dem Lagerbuch von 1570 sind die Träger der Geschichte.

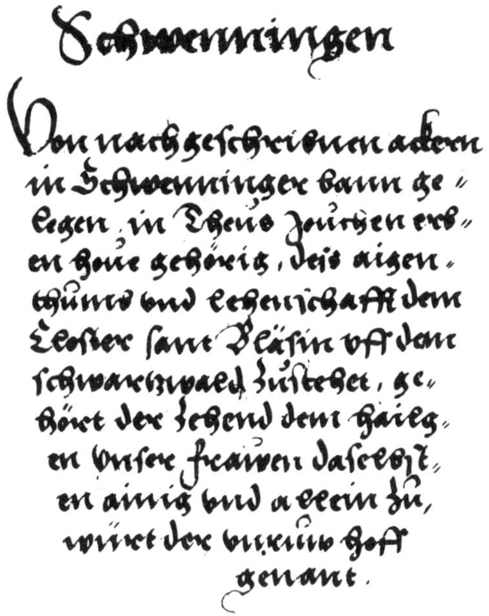
Schwenningen

Von nachgeschriben ackern
in Schwenninger bann ge-
legen, in Theus Jouchen erb-
en houe gehörig, deis aigen-
thumbs und lehenschafft dem
closter sant Bläsin uff dem
schwartzwald zusteheet, ge-
höret der zehend dem haileg-
en unser frawen daselbst,
en ainig und allain zu,
wirt der [illegible] hoff
genant.

1603

2 Eilige Flucht nach Ungarn

Ein junger Schäfer ersticht seine Geliebte

Man schrieb den 24. Oktober 1603. Vor dem Kaufhaus in Villingen hatte sich eine kleine Menschenmenge versammelt. Soeben hatte Paulin, der Stadtbote, nach erfolgtem Trommelwirbel den Schäfer Balthasar Bentzing zum dritten und letzten Mal aufgerufen, sich dem hohen Gericht der Stadt zu stellen, sintemalen Andreas Riecker und Michael Schwerdt als verordnete Bürschvögte ihn anklagten, die Jungfer Margaretha Spitznagel aus Öfingen innerhalb des Bezirkes der kaiserlich freien Pirsch und ihrer malefizischen Obrigkeit entleibt zu haben. Wie bei den früheren Ausrufungen im August und September blieb auch diesmal die Aufforderung ohne Antwort. Nur eine Stimme aus dem Hintergrund schrie hohnvoll: »Der ist doch längst zu den Türken entwischt, das weiß doch alle Welt!« Unbekümmert ließ der Stadtbote noch einmal die Trommel rühren und verkündete dann feierlich: »So sei denn Balthasar Bentzing, der Schäfer, verrufen und verdammt!« Mit dem Trommler und den beiden Stadtknechten rückte Paulin wieder ab, und die Bürger zerstreuten sich.

Der Ratsherr Michael Schwerdt aber, der von seinem Fenster aus zugehört hatte, wandte sich ins Zimmer zurück, wo seine Eltern am gekachelten Ofen saßen. Sie waren diesen Tag zu Besuch von Schwenningen herübergekommen. Jetzt fragte Michael die beiden, wie denn die Bentzing-Sippe die Meintat eines der ihren aufgenommen habe. Der alte Schwerdt seufzte tief auf und meinte, das sei eine lange und verwickelte Geschichte und man könne darüber wohl bange werden um sein eigen Fleisch und

Blut. Michael setzte sich zu den Eltern, und der Alte hub an: »Du und dein Bruder Hannß, ihr kennt ja des alten Vogts Bentzing drei Buben besser als ich. Ich weiß noch recht gut, wie ihr mit denen zusammen in der Roßwette das Schwimmen gelernt habt. Schon damals war der Balthasar, des Totschlägers Vater, ein streitsüchtiger Neiding, und sein Bruder Jacob war ein übellauniger Besserwisser.«
Der Ratsherr pflichtete seinem Vater bei und setzte hinzu: »Aber mit dem Jüngsten, dem Christian, vertrugen wir uns um so besser. Der ließ uns mit den Pferden in die Wette reiten und lud uns ein, die Zwetschgen im Mönchshofsgarten zu versuchen. Doch dann zogen wir Brüder beide auf Wanderschaft, und seitdem wir hier in Villingen seßhaft wurden, habe ich das Schicksal der Bentzing-Geschwister nur noch aus der Ferne verfolgt. Erzähl mir bitte mehr.« Diesmal fuhr die Mutter fort: »Der alte Vogt Hannß, Gott hab ihn selig, hinterließ seinen drei Buben und seiner Tochter vor seinem Tod ein stattliches Vermögen, wie es selbst hier in eurer Stadt wohl nur selten vererbt wird. Außer dem Mönchshof, in welchem du dich so gern herumtriebst, und der Vogtsmühle, bekamen die Geschwister, die damals alle schon verheiratet waren, zwei weitere Höfe und zwei Hofstätten, dazu gut 300 Jauchert Ackerfeld und 100 Jauchert Wald aus den vier Klosterlehen und dem Vogtslehen. Davon bekam der Balthasar das Rümelinslehen und die Eigengüter, der Jacob das alte Bentzing-, das Gerster- und das Vogtslehen, der Christian den Mönchshof.
Von Stund an zeigte es sich, daß der Balthas nicht bloß ein Neiding, sondern auch ein Faulenzer und Verschwender war. Tag für Tag saß er in den Wirtsstuben herum, trank und zehrte und räsonierte. Am liebsten war er hier in der Stadt. Keiner sah ihn gern, aber weil er seine Zeche immer bar bezahlte und reichlich Trinkgeld gab, mochte kein Wirt den Kerl hinauswerfen. Geld hatte er immer genug, weil er seinen Besitz Stück um Stück verkaufte, obwohl sein Weib sich krank härmte und der alte Vogt bald vor Kummer starb. Zum Glück hat der in seinem

Teilungsbrief bestimmt, daß die St. Georgener Lehensgüter nur an die Brüder verkauft werden können. So hat jetzt der Mönchshofbauer bereits ein gut Teil der Rümelinsgüter an sich gebracht. Du kannst dir denken, daß des Balthasar heranwachsende Kinder kreuzunglücklich darüber sind, zumal ihr Vater auch die Hofstatt in der Hintergaß verkauft hat; dort will jetzt ihr junger Vetter Michael ein Haus bauen zur Hochzeit mit der Pfarrtochter.

Dessen Vater, der Jacob, der älteste von den drei Bentzing-Brüdern, scheint aber auch kein guter Haushälter zu sein. Er hat zwar einen gescheiten Kopf, ist allbereits Untervogt und hat alle Aussicht, einmal Vogt zu werden wie sein Vater und Großvater. Aber er läßt meist sein Weib und seine Ehhalten allein schaffen und gibt lieber an, wie man den Mist laden soll, als daß er sich die Hände dreckig macht. Auch der hat schon angefangen, Stücke aus seinem Besitz zu verkaufen. Allerdings, an die Klosterlehen hat er sich noch nicht getraut; oder besser gesagt, die mißgönnt er seinem Bruder Christian, dem er sie anbieten müßte. Dafür hat er eben jetzt das Vogtslehen samt der Mühle, auf welche sein Vater so stolz gewesen ist, an den Claus Lehenmann verkauft, der die Mühle bisher für ihn umgetrieben hat. Ich bin bloß gespannt, ob ihm die 1025 Gulden genug sind, sein Herrenleben fortzusetzen!

Sein zweiter Bub, der Erhard, wäre für sein Leben gern Müller geworden. In seiner Enttäuschung hat er sich ganz mit dem Vater zerstritten und ein Verhältnis angefangen mit der Magd seiner Base, der Vögtin. Zum Glück scheint die Lucie Bertschin ein rechtschaffenes Weibsbild zu sein. Aber für die Familie war es doch eine arge Schande, daß der Sohn des Untervogts so lange mit der Vogtsmagd ging, bis sie ein Kind von ihm erwartete und sich vor dem Spezial und dem Vogt verantworten mußte. Nun, inzwischen haben die beiden geheiratet, und die alte Vögtin hat scheint's ihre Urenkelin, das Annale, recht ins Herz geschlossen. Doch jetzt ist die schreckliche Sache mit ihrem Enkel passiert. Davon kann dir der Vater besser berichten.«

Der alte Schwerdt spann den Faden weiter: »Der junge Balthasar, der nach seinem Vater heißt, war schon von klein auf ein Einzelgänger. Am liebsten trieb er sich droben im Kaufholz oder draußen im Moos herum. Als er mit der Schule fertig war und erleben mußte, wie der Vater anfing, das Lehen zu verschleudern, ging er von daheim weg und wurde Schäfer. Er mied die Gesellschaft, zeigte sich nur gelegentlich auf einer Kirchweih in der Gegend. Da lernte er denn in Öfingen die Margaretha Spitznagel kennen, von welcher die Leute sagen, sie sei ausnehmend munter und hübsch gewesen. Sie fand wohl Gefallen an dem Sonderling, denn er war gut gewachsen und führte kluge Reden. Aber als sie erfuhr, aus welchem Haus er stammte und wie sein Vater die Familie in Schande brachte, wandte sie sich wieder von ihm ab. Der Bursche war völlig verzweifelt und fing nun selbst an, in den Wirtschaften herumzuhocken. Dieses Frühjahr traf der junge Schäfer das Mädchen wieder hier auf dem Jahrmarkt in Villingen. Von da an weißt du besser Bescheid als wir und kannst uns die Einzelheiten sagen. Du hast ja als Bürschvogt den Fall selber verfolgen müssen.«

Der Ratsherr erwiderte: »Was wir ermitteln konnten, ist bald gesagt. Der Balthasar fing gleich wieder an, ihr den Hof zu machen, aber sie ließ ihn sitzen und tanzte mit den anderen Burschen. Er versuchte, seine Eifersucht und seine Scham in Wein zu ertränken. Irgendwie gelang es ihm dann doch, sie zu einem Spaziergang zu überreden. Mag sein, daß sie ihm ins Gewissen reden wollte. Ein kleines Stückchen Schwenningen zu muß es dann geschehen sein. Vermutlich übermannte ihn die Eifersucht, so daß er sein Messer zog und so lange auf das Mädchen einstach, bis es tot liegenblieb. Jedenfalls kann es die vielen Wunden, die man fand, nicht überlebt haben.

Er muß dann sofort nach Hause gerannt sein. Seinen Angehörigen machte er unzusammenhängende Andeutungen von dem, was vorgefallen war, verlangte Geld und Kleider und Wegzehrung und rief im Weglaufen noch seiner Mutter zu, er gehe nach

Ungarn. Dann zog er seines Vaters bestes Roß aus dem Stall, legte Bündel und Sattel vor sich auf den Schoß und sprengte ungesattelt den Hertweg hinab. Bis die Öfinger Burschen das Mädchen fanden und unsere Knechte zum Vogt Schlenker nach Schwenningen kamen, um den Totschläger zu fordern, war der schon stundenlang entwichen.

Seitdem hat niemand mehr von ihm gehört. Wahrscheinlich ist er unter die Soldaten gegangen und kämpft jetzt mit gegen die Türken. Wir ließen ihn, wie es rechtens ist, dreimal zum Gericht rufen, wie ihr eben gehört habt. Natürlich kam er nicht. Nun ist er für ewig verbannt und verdammt.«

Die Eltern erhoben sich zum Gehen. Die Mutter sagte noch unter der Haustür: »Mir tut die ganze Sippe leid. Die alte Vögtin hat den Aufstieg der Bentzing zum höchsten Ansehen im Flecken miterlebt. Die junge Vögtin ist ihre Tochter, ihr Jacob ist Untervogt, ihr Jüngster führt den größten Hof – und nun dies! Gott behüte uns davor, daß uns Schwerdten Ähnliches widerfährt.«

Die äußeren Familienverhältnisse sind meist durch Urkunden verbürgt, einige nebensächliche Dinge als wahrscheinlich daraus erschlossen. Die Namen stimmen alle. Die Gerichtsakten liegen im Villinger Archiv. Die Motive und das Gespräch sind erdichtet. – 1626 wurde die Schwägerin (oder Nichte?) des jungen Hans Schwerdt in Villingen als Hexe verbrannt.

1627

3 Der Mönchhofsbub wird Pfarrer

Lebensgeschichte des Magisters Christian Bentzing

Schon hatten die ersten Schrecken des Glaubenskriegs auch die Heimat des jungen Studenten geängstigt. Zur selben Zeit, da Christian Bentzing sich auf sein Magister-Examen vorbereitet hatte, waren die ersten Truppen der katholischen Liga im evangelischen Amt Tuttlingen einquartiert worden. Kurz zuvor war er noch mal daheim gewesen, um seinen »Baccalaureus« zu feiern. Dabei hatte er den Einzug der neuen Pfarrfamilie mit ihren fünf Kindern ins alte Pfarrhaus miterlebt, und Pfarrer Volmar hatte dem zukünftigen Amtsbruder von seiner bisherigen Tätigkeit als Diakon in Tuttlingen und als Pfarrer in Alpirsbach und Gärtringen erzählt. Zu Christians freudiger Überraschung hatte der Pfarrer ihm auch Grüße von Abt Schrötlin und Frau aus Adelberg überbracht. Christian war volle drei Jahre hindurch ordentlicher Schüler im alten Kloster Adelberg gewesen und fühlte sich hochgeehrt, daß sein ehemaliger Klostervorsteher an ihn dachte, denn Abt Schrötlin war damals der angesehenste unter den württembergischen Äbten und als ihr Rangältester zugleich Sprecher des Landtags. Natürlich wollte er wissen, wie Pfarrer Volmar mit dem Abt bekannt geworden war, und er erfuhr zu seiner Verblüffung, daß nicht bloß die Abtsleute, sondern auch Herzog Johann Friedrich selbst Pate bei den Pfarrerkindern in Alpirsbach und in Gärtringen gestanden hatten. Es dünkte ihn und alle Schwenninger bemerkenswert, daß ihr Pfarrer solch enge Verbindungen zum Herzogshaus und zur hohen Geistlichkeit hatte.

Natürlich war Christian während seines Urlaubs auch mit den

Kindern seines inzwischen verstorbenen Dorfschulmeisters Erhard Müller zusammengekommen, waren sie doch seine leibhaftigen Vettern mütterlicherseits; seine Mutter Margarethe gehörte zur selben Müller-Välles-Sippe wie der erste Schwenninger Schulmeister, welcher seinen Großneffen Christian sieben Jahre lang ins Lesen, Schreiben und Rechnen eingeführt hatte, zusammen mit den jüngsten unter seinen eigenen acht Kindern und den jüngeren Kindern des früheren Pfarrers Magister Johannes Castolus Hunn. Die meisten Vettern und Basen aus dem Schulmeistershaus waren inzwischen verheiratet, aber mit den jüngeren war er noch einmal in die alte Schulstube gegangen und hatte, wie einst, am Fenster probiert, wer bis ins Wettebächle neben dem Haus spucken konnte.
Inzwischen waren nicht bloß die feindlichen Soldaten im Dorf gewesen, sondern waren auch zwölf Häuser dort abgebrannt. Dann hatte Christians Vater ihm nach Tübingen geschrieben, daß die letztjährige Mißernte die Brotpreise auf das Dreißigfache getrieben habe, und daß Vogt Michael Bentzing, Christians Vetter, im Dorf herumgehe, um für die Armen Korn zu sammeln. Der väterliche Mönchhof warf ja Gott sei Dank auch in schlechten Jahren mehr als genug ab, und Mutter Margarethe schickte ihrem Repetenten immer wieder geräucherten Nachschub nebst einem von ihren selbstgebackenen Brotlaiben. Er brauchte es ja nicht zu wissen, daß sie jedesmal eine Messerspitze voll Holzmehl mit hineinbuk, welches sie vorher heimlich von der Unterseite des Stubentischs weggeschabt hatte, damit der Bub kein Heimweh bekam. Das Kreuz, welches sie hinterher in die Mitte des Laibs drückte, würde ihm zeigen, daß sie ihr Brot in frommer Dankbarkeit vom Herrgott entgegennahm.
Im Tübinger Stift machte sich die Verknappung der Lebensmittel bald spürbar. Fleisch und Frucht, Schmalz und Salz, Lichter und Brennholz wurden rar. Trotzdem bewegte die Not im Heimatdorf den jungen Theologen mehr als der Mangel um ihn her. War schon die Nachricht schlimm, daß das Badhaus und die Wirtschaft in den Neckarwiesen völlig abgebrannt waren, so traf

es ihn noch viel schrecklicher, als vier Jahre später die Pest durchs Land ging. Die Eltern ließen ihm sagen, er möge doch ja in Tübingen bleiben, wo es Ärzte und Spitäler gab. Dabei erzählten dort noch die älteren Einwohner, wie anno 1610 das ganze Stift wegen der Pest nach Calw verlegt worden war. Nun, Tübingen und die Heimat blieben verschont.

Als die Gefahr vorüber war, wurden die Stiftler für ein paar Wochen nach Hause geschickt. Christian war nun schon seit vier Jahren besoldeter »Repetent Physicus« und konnte seinen Eltern und seinen sechs Geschwistern viel erzählen vom Leben auf der Universität. Durch seinen Gönner, den Professor Theodor Thumm, hatte er Eingang bei den hohen Herren gefunden, und weil er als »Physicus« mit seinen Stiftlern die naturwissenschaftlichen Vorlesungen durchbesprechen mußte, kannte er auch die Professoren der anderen Fakultät. Christian war öfters bei Professor Thumm zu Gast. Gern sprach die Professorin von der Zeit, da sie als Pfarrfrau in Stuttgart mehrere Kostknaben in ihr Haus aufgenommen hatte, um das bescheidene Pfarrersgehalt etwas aufzubessern. Einer ihrer Zöglinge war auch Christian gewesen. Er hatte von dort aus die Lateinschule in Stuttgart besucht, und seiner Mutter Bruder, der »herzogliche Secretarius« Michael Müller, hatte fast täglich mit ihm gepaukt. Vetter Michael, den sie wie seinen Großvater »Fenderich« genannt hatten, weil auch er in der Landmiliz bis zu diesem Grad aufgestiegen war, hatte inzwischen längst das Zeitliche gesegnet. Aber Christian dachte immer noch voller Dankbarkeit an ihn, hatte er ihm doch den Übergang von der Dorfschule zur Lateinschule wesentlich erleichtert, so daß er damals innerhalb von drei Jahren in die Quarta des Pädagogiums aufgerückt war. Professor Thumm hatte Christians damaliges Schulzeugnis unter den Prüfungsakten gefunden und konnte ihm daraus vorlesen: »Wie ich 1612 diesen Christianum Bentzing wegen eines guotten ingenii, sondern Fleißes und Lusts zuon studiis, frommen, stillen, gehorsamen Wesens und Lebens in warheit gerüempt, – also soll auch dismal ich nit verhalten, daß besagtem Bentzing solche

guotte praedicata noch derzeit mitt sonderm Lob kann ertheilt werden. Darzua auch, daß er allbereit über eines halben Jahres Frist die Lectiones Sextae Classis mit solchem fleiß, attention und progressu angehört, daß er in Euer Fürstl. Gnaden niedere ClosterSchuel gnuogsam qualificirt zuo halten.«
Auf Grund dieses Zeugnisses war Christian in die Klosterschule Adelberg aufgenommen worden. Die meisten seiner Mitschüler stammten aus Pfarr- und Beamtenhäusern, doch waren auch etliche Bauernbuben darunter. Mit verhaltenem Stolz hatte er ihnen vom väterlichen Mönchhof erzählt; den Buben aus der Stadt hatte es Eindruck gemacht, daß zum Hof über hundert Jauchert Wald gehörten.
Mit 19 Jahren war Christian zum Studium nach Tübingen gezogen und hatte dort schon nach drei Jahren den Magistertitel erworben. Nach weiteren drei Jahren war er Repetent geworden, eine große Auszeichnung, welche unter den 150 Stiftlern nur jeweils den sieben Besten zuteil wurde. Christians Schwestern meinten zwar, es müsse doch recht langweilig sein, mit den jungen Studenten immer nur das wiederzukäuen, was ihnen die Professoren vorgekaut hatten. Aber der Bruder versicherte ihnen, die Naturwissenschaften seien gerade für einen Bauernsohn unglaublich interessant. Außerdem habe er Zeit genug, Bücher zu lesen, die ihn interessierten. Und schließlich gehe es im Stift, wo er seine Repetentenbude hatte, und in der Stadt oft recht fröhlich zu. Da säßen sie sonntags oder abends zusammen beim Bier und sängen Studentenlieder, deutsche und lateinische, und manchmal tanzten sie auch mit den Tübinger Mädchen in den Wirtschaften, obwohl des Herzogs Visitatoren immer wieder dagegen wetterten.
Freilich, der Alltag im Stift war streng geregelt und verlangte harte Arbeit. Zwischen der Morgenglocke um fünf Uhr und dem Abendgebet um sechs Uhr gab es nur eine Stunde Freizeit, und die Fleißigen saßen oft abends noch über ihren Büchern, bis um neun Uhr die Lichter ausgeblasen werden mußten. Ihm selber hatte anfangs die gewohnte Morgensuppe arg gefehlt; vier

Stunden Studium auf nüchternen Magen, das war hart. Erst um neun Uhr gab's was zu essen, und dann nichts mehr bis zum frühen Abend. Dafür aber hatte man im Stift stets anregende Gemeinschaft und konnte seinen Geist völlig dem zukünftigen Beruf zuwenden.
Die Mutter fand auch, Christian sehe in seinem Barett und dem schwarzen Umhang schon so würdig aus wie ein rechter Pfarrer.

Bald erfuhr sie, daß er dieser Würde näher war, als sie dachte. Christian wurde zum Herrn Special nach Tuttlingen befohlen, und der eröffnete ihm, daß Herzog Johann Friedrich den Repetenten zum zweiten Diaconus in Göppingen ernannt hatte. Vor lauter Freude darüber schenkte Vater Christian dem Sohn seinen Apfelschimmel, auf welchem der neugebackene Diakon bald darauf seinem Amt entgegenritt.

Magister Christian Bentzing wurde 1599 als Sohn des Mönchhofbauern Christian Bentzing und seiner Frau Margaretha, geb. Müller, geboren. Seit mehreren Generationen schon saßen seine Vorfahren auf dem St. Jörgischen Fronhof zu Schwenningen. Ehni und Urehni waren Dorfvögte gewesen, des Vaters Bruder war's noch. Ein Vetter seiner Mutter, Erhard Müller, war der erste Schulmeister im Dorf; bei ihm erhielt er den ersten Unterricht. Mit 12 Jahren kam er auf die Lateinschule nach Stuttgart und in die Pflege des Stiftspredigers Theodor Thumm. Ein Bruder seiner Mutter, Michael Müller, gen. »Fendrich«, war fürstlicher Secretarius in Stuttgart. Der bereitete ihn nebenher zur Aufnahme in eine der Klosterschulen vor. Auf Grund seiner guten Schulleistungen übernahm ihn 1614 die Klosterschule Adelberg bei Göppingen. Bereits 1617 ging er zur Universität Tübingen; 1618 bestand er die Prüfung als Baccalaureus; 1620 als Magister, 1623 wurde er Repetent Physicus am Tübinger Stift. 1627 ernannte man ihn zum 2. Diaconus in Göppingen, 1630 zum 1. Diaconus. 1634 erhielt er sein erstes selbständiges Pfarramt, in Enzweihingen; 1636 wurde er Stadtpfarrer in Besigheim. Damals war er schon sieben Jahre mit der Tochter des Stuttgarter Hofpredigers, Esther Weinmann, verheiratet. 1636 wurde ihnen eine Tochter Elisabeth geboren. – Nach der Zerstörung Schwenningens nahm Christian vermutlich die Familie seines geflüchteten Bruders Hans auf; jedenfalls heirateten später dessen beide Töchter in Besigheim. – Christian Bentzing starb 1639.

1633

4 Das Dorf verbrennt

Villinger Rache für württembergische Belagerung

Es war der 22. Februar des Jahres 1633. Ein Kornett begehrte Einlaß beim Blockhaus am Dauchinger Eschweg. Man wies ihm den Weg zum Pfarrhof. Die Pfarrmagd dort öffnete die Tür zur Amtsstube, in welcher aber seit Wochen nicht der Pfarrherr, Magister Volmar, sondern der Obristwachtmeister, Herr von Rieppur, sein Wesen hatte. Der saß gerade vor dem Kachelofen und ließ sich vom Feldscher die Frostbeulen an seinen Zehen einsalben. Er war sichtlich schlechter Laune, denn soeben hatte man ihm gemeldet, daß schon wieder ein halbes Dutzend seiner Soldaten desertiert sei. Er konnte es zwar den armen Teufeln nicht verdenken, wenn sie davonliefen; in den Schanzgräben am Villinger Bickeberg waren sie elf Tage hindurch im Schneematsch gestanden und hatten ohne Mäntel der Kälte und dem schweren Feuer der Bickentorbatterien standhalten müssen, bis grimmiger Frost sie zum Abbruch der Belagerung und zum Rückzug auf Schwenningen gezwungen hatte. Seitdem hatten sie sich aufs Streifen und Scharmützeln beschränkt, und das hatte die Mannszucht noch mehr gelockert. Er selbst fühlte sich krank und kreuzelend wie seine Männer aus dem Unterland, denen der Baarwinter so hart zusetzte. Aber er hatte nun einmal vom Obersten Rau den verdammten Befehl, dieses offene Nest Schwenningen, so gut es ging, zu befestigen und zu verteidigen. Der Teufel mochte alle Papisten holen!
Nun kam da auch noch dieser Kornett und brachte schlimme Nachricht vom Obersten aus Rottweil. Der ließ ihn wissen, dort gehe das Gerücht, die Kaiserlichen stünden bereits vor Tuttlin-

gen. Der Obristwachtmeister solle deshalb seine Leute zum Abmarsch bereithalten, vorerst aber noch weiteren Befehl abwarten.
Der von Rieppur überdachte seine Lage. Von Tuttlingen bis Schwenningen waren es knapp sechs Wegstunden. Er hatte zwar in den Dörfern dorthin Posten stehen, doch wenn die Kaiserlichen zu Pferd anrückten, konnten sie seine Melder fast einholen. Dabei machten ihm bereits die Villinger schwer zu schaffen. Am Vormittag war ein Reitertrupp durch den Saubühl bis zu seinen Vorposten vorgedrungen. Die dreisten Burschen hatten unter dem Vorwand, sie hätten sich im Schneesturm verirrt, den Kommandanten zu sprechen begehrt. Erst als der Corporal herausgekommen war und bemerkt hatte, daß es fremdes Volk war, alsobald auf sie einen Schuß abgefeuert und das Kuhhorn hatte blasen lassen, waren sie wieder im Wald verschwunden. Die Villinger fühlten sich stark, seitdem ihnen der Obristleutnant Äscher mit 520 Mann aus Breisach zu Hilf gekommen war. Oberst Rau hatte zwar das Dorf Schwenningen zu seinem Hauptstandquartier gemacht und in wochenlanger Arbeit durch Soldaten und Bauern einen Palisadenzaun drum errichten lassen, welcher an allen Ecken und Ausfallwegen durch Blockhäuser verstärkt worden war, nachdem Äschers Leute ausgerechnet am Heiligabend mehrere Häuser am Ortsrand angezündet und die Bewohner niedergemacht hatten. Aber diese Notfestung würde einer Belagerung durch die vereinigten Kaiserlichen und Villinger keinen Tag standhalten.
So war des Obristwachtmeisters Entschluß schnell gefaßt. Den Kornett schickte er zurück mit der Meldung, der Befehl des Herrn Obersten werde ausgeführt. Dann ließ er seine Offiziere ins Pfarrhaus kommen und teilte ihnen in dürren Worten mit, was er wußte. Aus ihren bestürzten Mienen las er die Bestätigung seiner eigenen Meinung ab. Keiner von den Capitaines und Lieutenants erhob Einwände, als er ihnen sagte, er sei entschlossen, den Befehl zum Rückzug gar nicht erst abzuwarten, sondern noch diese Nacht unterm Schutz der Dunkelheit nach dem

sicheren Rottweil zu marschieren. Sie sollten aber vor den Leuten im Dorf striktes Stillschweigen bewahren.
Von Rieppur hatte nicht bemerkt, daß die Pfarrmagd von der Küche aus durch die Ofenklappe das Gespräch mitgehört hatte. Noch ehe die Offiziere bei ihren Mannschaften waren, lief die Nachricht vom Abzug der Soldaten von Haus zu Haus. Als die Nachbarn ins Pfarrhaus gestürzt kamen, um zu hören, ob das Gerücht wahr sei, fanden sie zwar keinen Zutritt zum Kommandanten, doch der Pfarrer mußte ihnen die Nachricht bestätigen. In aller Hast beriet er mit dem herbeigerufenen Vogt und den anwesenden Nachbarn, was zu tun sei. Sie waren sich schnell einig, daß es nur eine Wahl gab: Sie mußten das Dorf noch vor oder spätestens mit den Soldaten verlassen. Die Feinde würden die Einwohner ebensowenig verschonen wie Hof und Habe. Wer rechtzeitig das Dorf verließ, konnte sein Leben und das Notwendigste retten. Der Pfarrer sagte ihnen noch, er werde versuchen, im Gäu in seiner früheren Gemeinde Gärtringen Zuflucht zu finden; wer wolle, könne sich ihm anschließen. Der Mönchhofbauer wollte mit seiner Familie zu seinem Bruder Christian, der in Göppingen Diakon war. Der Scherer meinte, am sichersten sei wohl die nahe Schweiz; in Schaffhausen hätten die Schwenninger noch immer gute Aufnahme gefunden.
Da waren die andern schon davongerannt. Die meisten fingen an, in Hast ihre Karren zu beladen; andere vergruben in den Gartenwinkeln, was ihnen wichtig und wertvoll dünkte, wieder andere versuchten, ihr Vieh in den nächsten Wald zu treiben. Dazwischen rannten fluchend die Korporale herum, um Pferde und Wagen zu requirieren. Was heimliche Vorbereitung hätte bleiben sollen, war zum heillosen Durcheinander und zu hellem Entsetzen geworden.
Als der Abend dämmerte, war das Hochsträß nach Deißlingen zu schon voll von Wagen und Handkarren, von Vieh und Menschen, von stummer Angst und schreiendem Elend. Und als es vollends Nacht wurde, zogen die Soldaten samt ihrem Troß aus dem Dorf. Zurück blieben einige Dutzend Bauern, die ihren Hof nicht

schutzlos zurücklassen wollten, und eine Handvoll Deserteure, die sich leichte Beute erhofften.
Kein Wunder, daß bereits in der Morgenfrühe zwei Dauchinger Buben dem Kommandanten in Villingen meldeten, die Soldaten samt den Bauern hätten Schwenningen geräumt. Obwohl Äscher der Sache nicht recht traute, ließ er gleich nachmittags zu Pferde blasen; er forderte Bürger und Bauern, Junge und Alte auf, mit hinaufzuziehen. An die 500 Mann stellten sich auf der Altstadtsteige bereit. Da kamen auch schon Reiter des Vortrupps zurück und berichteten, sie seien bereits im Dorf gewesen und hätten es tatsächlich leer gefunden bis auf einen württembergischen Soldaten und einen kleineren Haufen Bauern, deren 20 sie niedergemacht hätten, während der Rest geflüchtet sei.
Nun gab Äscher das Dorf zur Plünderung frei, verbot aber ausdrücklich, Feuer anzulegen, ehe nicht alle Häuser ausgeräumt waren. Trotzdem gingen bald mehrere Höfe in Flammen auf. Man teilte Äscher mit, schuldig seien Bauern aus den Villingischen Flecken, die sich für württembergische Brandschatzungen rächen wollten; andere behaupteten, es seien welche von den Franzosen gewesen, die in seiner Compagnie dienten. Jedenfalls drohte Äscher, in Zukunft alle Brandstifter vor den Scharfrichter zu stellen, denn er schätzte, daß auf den Kornböden noch mehr als 1000 Malter Frucht, die halbe Ernte, lagerten. Im übrigen war aber auch er mit seinen Offizieren fleißig dabei, Beute zu machen. Spät zur Nacht kehrten alle fröhlich zurück, denn sie hatten neben ihrer Beute genug Wein gefunden, die Tage der Entbehrung vergessen zu machen.
Aus Dauchingen, wo sie sich versteckt gehalten, kehrten nachts mehrere Bauern in ihre ausgeplünderten Häuser zurück, unter ihnen der Schloßjack und sein Weib Maria. Die beiden stillten ihren Hunger mit frischen Eiern aus dem Hühnerstall und einem Ranken Brot aus der Tischlade; Feuer trauten sie sich nicht zu machen, trotz der grimmigen Kälte. Ihr Vieh hatten sie in Dauchingen geborgen. Nun hofften sie, mit dem, was die Plünderer zurückgelassen hatten, wieder notdürftig anfangen zu

können. Sie krochen ins Heu, wurden aber noch vor Tag durch vielstimmiges Lärmen und Schreien geweckt. Durch den Bühnenladen sahen sie einen großen Haufen Volks das Oberdorf herunterziehen und sich auf die Höfe verteilen. Dahinter erkannten sie wieder Soldaten und eine endlos lange Reihe von leeren Wagen. Die Plünderer kamen mit noch größerem Aufgebot als tags zuvor, um das Dorf vollends auszuräubern. Mit knapper Not entwischten die beiden durch den Garten und versteckten sich im Ufergebüsch am Neckar.

Aus schrecklicher Nähe erlebten sie, wie das Volk alles, was ihm brauchbar schien, aus den Häusern zu den Wagen schleppte. Es schien, als seien alle Villinger, die ihre Beine rühren konnten, herübergekommen, um zu plündern. Und schon quoll auch wieder Qualm aus einzelnen Häusern. Bald sprang das Feuer über auf Scheuern und Schöpfe und Ställe, ergriff ganze Straßenzüge. Ein Trupp Soldaten, der schon zu Beginn sich darangemacht hatte, die Glocken vom Kirchturm zu holen, konnte mit knapper Not die große Hosianna-Glocke zu Boden bringen, ehe das Kirchendach in der Gluthitze barst. Dann raste der Feuersturm übers Schul- und übers Pfarrhaus hinweg die Muslen hinunter und fiel zuletzt noch über den Schloßbauernhof her, nachdem der Jack und sein Weib noch bis zum Schluß vergeblich auf ein Wunder gehofft hatten.

Nun stand über dem Dorf eine turmhohe Feuerlohe, und das Geschrei der Plünderer ging unter im Krachen und Prasseln der wütenden Flammen. Wortlos wandten die beiden sich ab und suchten den bergenden Wald.

Die Erzählung hält sich genau an die Berichte des Obristen Äscher, des Benediktiners Theoger Gästlin, des Stadtschreibers J. Ph. Mayenberger, des Obristen Rau und seiner Offiziere, doch sind Anfang und Ende in ihren Einzelheiten frei ausgestaltet.

1634

5 Die Bittschrift

Flüchtlinge wollen in die verwüstete Heimat zurück

Den drei Männern wollte das Herz brechen. Von der Kirchhofmauer aus sahen sie ringsum nur zerfallendes Gemäuer, leere Fensterhöhlen, verkohltes Balkenwerk – die Muslen hinauf und hinunter dasselbe stumme Grauen wie droben auf der Lehr und drunten auf dem Angel. Über ihnen hingen die geknickten Sparren des Kirchendachs, unterm leeren Glockenstuhl lärmten die Krähen. An der Kirchhofmauer lagen viele frische Erdhügel, unordentlich aufgeworfen. Darunter mochten die württembergischen Soldaten begraben sein, die vor Villingen gefallen oder an der Seuche gestorben waren. Kein Kreuz kündete ihre Namen.

Hundertmal hatten sie sich in der Fremde dieses Bild vorgemalt; nun sie es sahen, war es viel schrecklicher, grausamer. Wo sie der Eltern Gräber gewähnt, war alles zerwühlt; wo sie von verlassenen Blumenwinkeln geträumt, waren die Beete verwüstet; wo sie das Plätschern des Hofbrunnens gehört, war schmutziger Sumpf; wo ihnen die Linde Schatten versprochen, starrte totes Geäst.

Und doch wollten sie bei ihrem Entschluß bleiben, denn draußen im Kornösch hatten sie reife Ähren gerauft, in zufälligen Büscheln gewachsen zwischen wucherndem Unkraut, sieghaft aufgeschossen aus ferndigem Wildwuchs, Abfall aus der Ernte vor zwei Jahren. Sie hatten den eigenen Kornacker, des Vaters Haberfeld, den Gerstenvierling des Nachbarn wiedererkannt, trotz aller Verwilderung. Mochten die Hausruinen grauenvoll erscheinen, die Äcker versprachen Hoffnung und Heimat.

Noch einmal besprachen die drei ihren Plan. Im Schutz des

Waldes wollten sie bis in Sichtweite vors Bickentor kommen, dort ihr weißes Tuch schwenken und kniefällig Einlaß begehren. Die Torwache mochte nachprüfen, daß sie unterm zerrissenen Wams nichts versteckten, nicht einmal ein Hemd besaßen. Nur den Brief wollten sie nicht aus den Händen lassen; den mußten sie dem Kommandanten selbst oder einem der Ratsherren übergeben, dann demütig auf Antwort warten. Der Brief, das war die letzte Hoffnung ihrer Weiber und Freunde, die dahinten in Balingen um Leben oder Tod bangten.

Während sie nun vorsichtig spähend durch die Harschengaß dem Dickenhart zugingen, tauchte noch einmal das Schreckensbild jener beiden Februartage des vergangenen Jahres vor ihnen auf, da die Villinger und die Kaiserlichen wohl eben hier heruntergezogen waren, das verlassene Dorf auszuplündern und ganz zu verbrennen, während sie selbst im Elendszug neckarabwärts geflüchtet waren.

Sie, die drei Lauffers-Vettern, hatten sich damals dem Haupthaufen angeschlossen, welcher mit der Pfarrfamilie über Rottweil nach Sulz gezogen war. Sie hatten wohl geglaubt, Schlimmeres als diese Flucht in der grimmigen Kälte könne ihnen nicht widerfahren. Wie hatten sie sich getäuscht! Zwar in den ersten Tagen, nachdem die Soldaten in Sulz Quartier genommen und sie sich auf die umliegenden Dörfer verteilt hatten, war's ihnen gut gegangen. Die Bauern hatten Mitleid gezeigt und ganzen Familien Herberg gegeben. Aber als die Tage des Wartens zu Wochen wurden, als die mitgebrachten Vorräte aufgezehrt waren, und als in Sulz die Pest ausbrach und gleich neun Schwenninger hinwegraffte, da waren die Leute ungeduldig und hart geworden, hatten ihnen weiteres Gastrecht verweigert.

Da war Pfarrer Volmar mit Hannß Lauffer, dem ältesten der drei Vettern, den die Flüchtlinge unterwegs zu ihrem Anführer erwählt hatten, weil der Dorfvogt verschollen blieb, bittend und suchend weit nach Norden gewandert. In Rosenfeld und Gärtringen, in Darmsheim und Leonberg und noch ein gut Stück darüber hinaus hatten sie Notquartiere ausgekundschaftet. Herr

Volmar selbst hatte in Nufringen, der Schulmeister Jacob Käfer in Mühlheim bei Sulz eine Anstellung bekommen. Die drei Laufferfamilien mit ihren Freunden, zusammen 37 Personen, waren bis nach Calw gewandert. Hannß, der Sattler, und Wehrn, der Beck, waren dort als Handwerker recht willkommen gewesen; auch der andere Hannß, der zum Anführer gewordene, hatte Arbeit gefunden. In Calw hörten sie, daß Villingen erneut belagert wurde und daß ihr Dorf wieder mitten im Kampfgebiet lag. Da hatten sie sich in ihr Flüchtlingslos ergeben; sie waren froh, hinter den festen Mauern der Stadt geborgen zu sein.
Bis vor drei Wochen. Da waren die Evangelischen bei Nördlingen besiegt und Tausende von württembergischen Bauern erschlagen worden. Auch die Belagerung von Villingen war abgebrochen worden, und ein Teil der Belagerungstruppen war durch Calw gezogen. Dann war Johan de Werth erschienen, hatte die Stadt im Handstreich gewonnen, einäschern lassen und über die Bürger ein fürchterliches Strafgericht verhängt. Die 37 Schwenninger waren mit knapper Not entwichen und hatten sich wieder hilfesuchend an ihren Pfarrer in Nufringen gewandt.
Der hatte ihnen geraten, sie sollten doch den Villinger Magistrat bitten, in ihr zerstörtes Dorf zurückkehren zu dürfen. Die Villinger mußten ja ein Interesse daran haben, daß die Felder rings um ihre Stadt wieder angebaut wurden, wenn sie nicht trotz ihrer Tapferkeit verhungern wollten. Er selbst erklärte sich bereit, eine Bittschrift vor den Rat zu bringen. Aber die Flüchtlinge hatten ihn entsetzt beschworen, von seinem Plan abzustehen. Sie hatten nämlich erfahren, daß die Villinger den Pfarrer Künkelin von Tennenbronnen eingefangen und ihn bedroht hatten, sie wollten ihn wie einen Marder auf ein Brett nageln, wenn er seiner lutherischen Lehre nicht abschwöre, und nur der österreichische Kommandant hatte ihn vor solchem Martyrium bewahrt. Dem Pfarrer von Fluorn gar hatten sie beide Arme abgehackt, die Zunge herausgeschnitten und ihn samt seinem Sohn mit Spitzhämmern totgeschlagen. Sie hatten auch

den Schulmeister von Sulz erschossen, weil sie ihn in seinem schwarzen Habit für einen Spezial gehalten. Nie und nimmer würde ein lutherischer Pfarrer die Villinger zur Milde stimmen. Daraufhin hatte Herr Volmar sie nach dem festen Balingen gewiesen.

Dort hatte man ihnen berichtet, daß ihr Dorfvogt im August bei Überlingen erschlagen worden sei, daß in den Baardörfern sich die Wölfe rudelweise herumtrieben und daß die Villinger die württembergischen Untertanen in den umliegenden Dörfern dazu zwangen, den Damm wieder abzutragen, den die Schweden gebaut hatten, um die Stadt in der Brigach zu ersäufen. Trotz alldem wollten die Flüchtigen dem Rat ihres Pfarrers folgen, denn man hatte ihnen unzweideutig zu verstehen gegeben, daß ihrer in Balingen kein Bleiben sei und daß die Streifzüge der Villinger jetzt ohnehin bis nach Freudenstadt reichten, so daß im ganzen Land kein Ort mehr als sicher gelten könne.

So hatten sie vom Balinger Stadtschreiber den Brief aufsetzen lassen, den die drei Männer jetzt mit sich trugen. Sie hatten ihn Wort für Wort miteinander beraten. Er lautete: "Ehrnveste Mannhaffte Vornehme Fürsichtige Ersame Unnd Weiße Innsonders günstige Herrn Und Commandant. Den Herren ist zweiffelsfrei guottermaßen eingedenckh Und zuowißen, wie daß mann Unß Unßeren Fleckhen Schwenningen, Vor dißem, gannz Und gar abgebrannt Und in die Äschen gelegt Und wür biß dato daß elendt bauwen mießen, auch hin Und her mit Unßern armen weib Und kind hin Und wider gezogen, biß daß wür alles, was wür auß dem füer gebracht, ohne worden Und verthan, an itzo auch, wo wür Quartier gehabt, widerumb vertriben worden, Und leider Gott erbarms nit mehr haben, daß wür einen finger verbinden kinnden, vil weniger Unß bekleiden mögen, denn Unßern grundt Und boden. - Alß gelangt Unßer Underthönig hochflehentlich Und ums Gottes Barmherzigkeit willen bitten Und flehen, die herrn wollen Uns auch widerum auf Unßern grundt Und boden ziehen lassen, damit wür auch widerumb ein äckher- oder wißlein anhackhen und bliemen kunden, auch mit der zeit ein hüttlein bauwen mögen, damit wür auch Unßer arm weib Und kinder auch ernähren mögen. Wo daß nit geschicht Und die herrn Unß die gnadt nit erweißen, so müeßen wür bei der höchsten warheit hungersterben,- hoffen aber, die herrn werden Unß solch Unßer pitten nit abschlagen, denn wür je Und alweegen guotte nachpauren gewesen. Und wenn wür widerumb ein wenig etwaß Überkommen, wollen wür geben, waß wür zue geben schuldig sind. Actum Balingen 26isten 7bris 1634. Gannze Burgerschafft vonn Schweningen.«

Die drei Bittsteller sahen die Stadt vor sich liegen. Nun mochte der Herrgott entscheiden, ob er sie vollends verderben oder erretten wollte.

Der Bittbrief der 37 Schwenninger an den Villinger Magistrat ist wörtlich wiedergegeben. Ihre Vertreibung aus Calw berichtet der Pfarrer J. V. Andreä in seiner Lebensbeschreibung. Vom Schicksal der einzelnen Vertriebenen wissen wir nur aus gelegentlichen Kirchenbuchnotizen. Der Bittgang der drei Lauffers-Vettern ist frei erzählt.

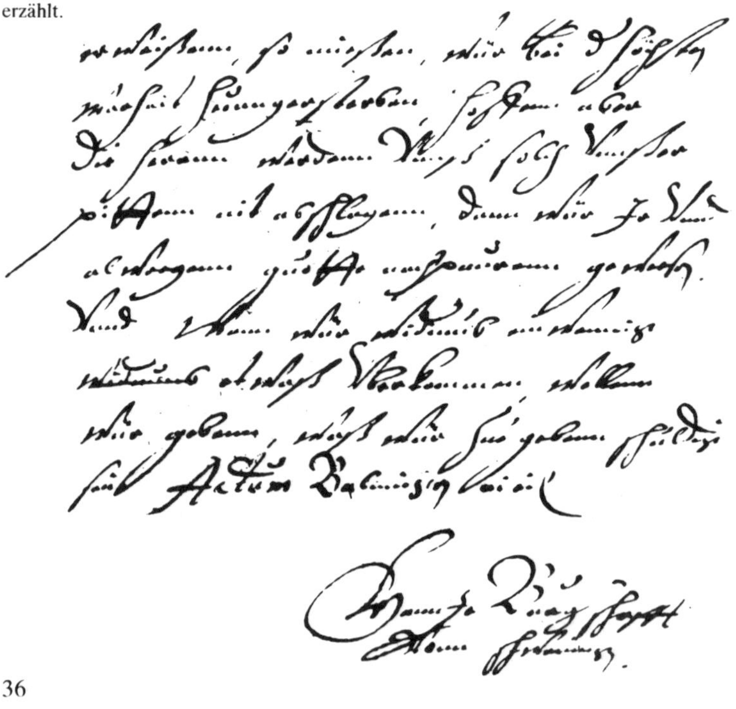

1648

Die Friedensbotschaft 6

Im Dorf wird das Ende des Krieges verkündet

Die späte Oktobersonne warf ihr mildes Leuchten über die Holunderhecken, hinter denen die Hausruinen fast verschwanden. Auch unter der Kirchenmauer wucherten sie dicht bei dicht, so daß das Volk, welches sich um die Kirche drängte, kaum den Blick freibekam auf die Wanne, von welcher der Aldinger Pfarrherr herabkommen mußte. Hannß Lauffer, der Vogt, und der Untervogt Hannß Küentz waren ihm gleich nach dem Mittagessen entgegengegangen.
Die ganze Gemeinde hatte sich versammelt, vom Ältesten bis zum Allerjüngsten. Melchior Mehne, der 81jährige, saß auf einem umgestürzten Grabstein und trug seinen Enkel im Arm. Vältin Müller und Anna, sein Weib, hatten alle sieben Kinder, auch die drei Taubstummen, um sich versammelt. Die beiden Verlobten, die erst wenige Tage zuvor ins Dorf gekommen waren, die verwaiste Regina Aberlin und Ulrich Forster, der Schmied, hielten sich abseits an den Händen. Die Weiber hatten sich herausgeputzt, so gut das eben ging mit den paar bunten Tüchlein, die sie beim Bippapperer auf der letzten Kirchweih eingehandelt hatten. Die Männer aber standen im abgetragenen Werktagshaiß, dem einzigen, das sie hatten, und trugen den Zweifel in ihren Gesichtern. Wie sollten sie an den versprochenen Frieden glauben?
Zehn Wochen war's erst her, seitdem die Villinger den württembergischen Korporal umgebracht hatten. Mit 24 Mann war er heimlich vom Hohentwiel heruntergekommen, das armselige Kirchweihfest mit den Schwenningern zu feiern. Auf dem

Heimweg hatten die Städter ihnen aufgelauert, den Korporal erschlagen und drei Soldaten gefangen abgeführt. Und vor acht Wochen noch hatte der Herzog hier Soldaten geworben, obwohl der Vogt den Werbern erklärt hatte, die Schwenninger seien seit über zehn Jahren schlickisch und hätten von ihrem Herrn Übles zu gewärtigen, wenn seine Untertanen dem Württemberger zuliefen. Am selben Tag hatte der Abt Gaisser in Villingen den Aldinger Prädikanten scharf von sich gewiesen, als dieser ihn um einen Teil des Schwenninger Zehnten gebeten hatte für seine Seelsorgerdienste; dabei war das Kloster St. Georgen seit eh und je gehalten, die Schwenninger Pfarrstelle aus dem Zehntertrag mitzuversorgen. Der Abt war auf den Prädikanten doppelt schlecht zu sprechen, seitdem der Villinger Stadtkommandant zu diesem nach Schwenningen hinübergegangen war, um mit seiner Frau zusammen das lutherische Brot zu essen. – Wie sollten sie bei alldem den Friedensgerüchten trauen!
Durch die Leute ging eine Bewegung. Drunten an der Neckarfurt wurde ein Reiter sichtbar, sorgsam durchs Wasser geleitet von den beiden Vögten. Das war Magister Jacob Schweiker von Aldingen, der seit acht Jahren neben der Tuninger Pfarrei auch noch die abgebrannten Dörfer Trossingen und Schwenningen betreute. Von der Furt aus konnten sie seinen Weg leicht verfolgen, denn in der unteren Muslen war noch kein einziges Haus wieder aufgebaut worden.
Es wurde still, und alle Augen wandten sich den Näherkommenden zu. Noch unten am Bach riß der Untervogt seine Kappe vom Haar und rief, so laut er konnte: »Frieden ist's! Frieden! Frieden!« Da kniete die junge Harderin, des Totengräbers Weib, nieder unterm Kirchhofstor; Weiber und Kinder, die ihr zunächst standen, taten es ihr nach; zögernd folgten die Männer. Und als des Prädikanten Kopf unten an der Staffel auftauchte, stimmte Valentin Weber, der neue Schulmeister, den Choral an, den ihnen der Prädikant unlängst als Tischgebet beigebracht hatte: »Nun danket alle Gott! . . . « Ergriffen blieben die drei Männer vor dem Tor stehen und sangen mit. Als der Pfarrer aber beim

zweiten Vers merkte, daß die Leute im Text unsicher wurden, da trat er mitten unter sie und half ihnen nach, bis es am Ende wieder fest und zuversichtlich klang: ». . . und uns aus aller Not erlösen hier und dort!«

In die folgende Stille hinein wiederholte der Prädikant zunächst nur des Untervogts Worte: »Jawohl, ihr Schwenninger, 's ist Friede im Land!« Doch dann fügte er hinzu: »Gestern kam des Herzogs Bote aus Stuttgart. In allen Gemeinden, wo's möglich sei, solle am heutigen Sonntag verkündet werden, daß die Fürsten endlich Frieden geschlossen haben nach vierjährigen Verhandlungen zu Münster und Osnabrück im Westfälischen. Und nicht nur das: Graf Schlick habe auf seine geschenkten Herrschaften freiwillig verzichtet. So ist nun auch euer Dorf wieder württembergisch wie vordem. Der fremde Obervogt ist bereits abgezogen; der neue wird die Huldigung der Dorfvögte in Bälde zu Tuttlingen entgegennehmen.

Soviel, ihr lieben Schwenninger, hatte ich euch von euerm gnädigen Herrn, Herzog Eberhard, zu verkündigen. Nun aber grüße ich euch im Namen unseres größeren Herrn, unseres himmlischen Vaters: ›Friede sei mit euch!‹ Wenn ihr zurückdenkt die vergangenen 30 Jahre, seitdem papistische Soldaten zum erstenmal hier auftauchten, so wird euch dieser Gruß zur göttlichen Verheißung. Eure zerstörte Kirche hier, das niedergebrannte Pfarrhaus dort drüben, eure leeren Hofstätten ringsumher sind schon seit 15 Jahren Zeugen durchgestandenen Elends, und die Gräber eurer Lieben in der Fremde gehören dazu. Die Älteren unter euch wissen noch, wie ein kaiserliches Edikt 1629 uns alle katholisch machen wollte und wie Graf Schlick sechs Jahre später seinem Obervogt befahl, alle Witwen und Jungfrauen in seinen vier Ämtern mit katholischen Männern zu verheiraten. 300 württembergische Pfarrer mußten um ihres Glaubens willen ihr Leben lassen. Euer Pfarrer Volmar ist im Elend verstorben. Und wenn er jetzt unter euch träte, müßte er feststellen, daß kaum ein Sechstel seiner Gemeinde sich hier wieder versammelt hat.

Aber wie euer Vogt mir unterwegs sagte, habt ihr Kunde, daß noch viele eurer Freunde und Verwandten in der Fremde weilen. Wir wollen Gott bitten, daß er auch ihnen eine glückliche Heimkehr vergönne. Noch scheint uns hier die Sonne, noch nähren uns hier die Felder, noch stehen rings die Wälder, aus denen ihr eure Häuser und eure Kirche wieder aufbauen könnt. Und noch sind eure Hände nicht zu schwach und nicht zu verkrümmt, daß ihr sie nicht falten könntet zum Dank an unsern Herrgott.

Ich lese euch aus dem 107. Psalm, wie ihn Martin Luther verdeutscht hat. Dort steht: ›Danket dem Herrn, denn Er ist freundlich, und Seine Güte währet ewiglich. Die irre gingen in der Wüsten und funden keine Stadt, da sie wohnen kunnten; und sie zum Herrn riefen in ihrer Not, und Er sie errettete aus ihren Ängsten; und führet sie einen richtigen Weg, daß sie gingen zur Stadt, da sie wohnen kunnten. Die sollen dem Herrn danken um Seine Güte und um Seine Wunder. Die da sitzen mußten in Finsternis und Dunkel, gefangen in Zwang und Eisen, und sie zum Herrn riefen in ihrer Not; und Er ihnen half aus ihren Ängsten; und sie aus Finsternis und Dunkel führet und ihre Bande zerriß. Die sollen dem Herrn danken um Seine Güte und um Seine Wunder. Die, welchen ihre Bäche vertrocknet und die Wasserquellen versieget waren; und Er das Trockene wiederum wasserreich machte und im dürren Land Wasserquellen; und die Hungerigen dahin gesetzt hat, daß sie eine Stadt zurichten, da sie wohnen kunnten, und Äcker besäen und die jährlichen Früchte kriegeten; und Er sie segnete, daß sie sich mehreten, und Er ihnen viel Vieh gab. So werden sie merken, wieviel Wohltat der Herr erzeiget‹.

So ruft euch alle der Psalmist zum Danken, als hätte er eure Not mit eigenen Augen gesehen. Und so verheißt uns Gott nun Seinen Frieden. Er segne den Wiederaufbau eures Dorfes und das neue Leben in eurer Gemeinde!«

Zum Schluß sangen sie mit tiefer Inbrunst: »Allein Gott in der Höh' sei Ehr« mit seinem tröstlichen Schluß: »Nun ist groß

Fried' ohn Unterlaß, all Fehd hat nun ein Ende.« Dann bestieg Magister Schweiker sein Pferd, und wie in festlicher Prozession geleitete ihn die ganze Gemeinde bis zum Emminger Stieg, von wo aus ihn die Jungmannschaft nach Tuningen führte, da er dort in gleicher Weise den Frieden zu verkündigen hatte.

In seiner Chronik vermerkt der Villinger Abt Gaisser: »25. Okt. 1648. Die meisten württembergischen Prädikanten verkündigen heute von der Kanzel den im Reich geschlossenen Frieden unter größtem Beifall der Hörer«. – Wir wissen nicht, in welcher Form sich die Verkündigung in Schwenningen abspielte. Von der Kanzel konnte es nicht geschehen, denn die Kirche wurde erst 1700 wieder aufgebaut. Sicher ist, daß Mgr. J. Schweiker von Aldingen unsere Gemeinde seit 1640 mitversorgte, obwohl sie nicht mehr zu Württemberg gehörte. Wiederholt stritt er mit Abt Gaisser um seine Besoldung aus dem Schwenninger Zehnten. Es ist auch nicht zu ermitteln, wie viele Gemeindeglieder sich bis 1648 schon wieder hier versammelt hatten; nach vorsichtiger Schätzung mögen es etwa 100 Personen gewesen sein. Die Einzelheiten über die letzten Kriegsmonate sind Gaissers Chronik entnommen.
Schwenningen teilte sein Schicksal mit mehr als 50 abgebrannten württembergischen Gemeinden. Die Hälfte aller Gebäude im Land lag verbrannt oder zusammengefallen. 90 Prozent der Bevölkerung waren umgekommen oder geflüchtet. Vom Viehbestand war so gut wie nichts übriggeblieben. Die Felder lagen wüst; Ziegeleien, Säge- und Eisenwerke waren fast alle zerstört. Die Gesamtschäden des Landes, ohne die verwüsteten Güter, wurden auf 120 Millionen Gulden berechnet. (Heute müßten dafür wohl etwa 20 Milliarden Mark angesetzt werden.)
Der Wiederaufbau des Dorfes und die Wiederherstellung seiner alten Leistungskraft innerhalb zweier Generationen erscheint angesichts dieser Tatsachen schier unfaßlich.

1653

Inventur nach dem Krieg 7

Tuttlinger Amtsschreiber macht Bestandsaufnahme

Schon die dritte Woche saß Geörg Habeltzhofer, der »geschwohrene Stadt- und Amptsschreiber« von Tuttlingen, wieder mit dem Vogt und den beiden »deputierten unpartheyischen Inventierern« in der niederen Ratsstube. Inventuren für Neuvermählte, Teilungsverträge für Erbengemeinschaften, Creditorenvergleiche zwischen ungeduldigen Gläubigern und hoffnungsvollen Schuldnern, vor allem aber Gantprocesse gegen hoffnungslos Verschuldete hatten sie dutzendweise erledigt. Das Schreiberlein, das Habeltzhofer mitgebracht, hatte schon ein ganzes Bündel Federkiele und einen dicken Stoß an Foliobogen verbraucht. Tag um Tag hatten die Vier zerknitterte, manchmal auch angekohlte Urkunden geprüft. Häufiger noch hatten sie in mühseligen Umfragen zu ergründen versucht, ob und wo der betreffende Hofbesitzer während des langen Krieges verstorben, wer von seiner Familie am Leben geblieben und was von seinem ehemaligen Besitz an Gebäuden und Hofstätten, an Wiesen und Feldern, an Vieh und Geräten, an Hausrat und Bargeld noch vorhanden war. Nur die wenigsten hatten damals bei der Brandschatzung und in den zwanzig schrecklichen Jahren danach ihre Papiere retten können.

Ein Gück war es, daß Hannß Lauffer, der Dorfvogt, und sein gleichaltriger Namensvetter, der Gemeindepfleger Hannß Lauffer, es gewagt hatten, schon ein Jahr nach der Zerstörung ins Dorf zurückzukehren mit jenem Häuflein von Verzweifelten, welchen der Villinger Magistrat gnädigst gewährt hatte, ihre Felder wieder notdürftig anzubauen. So konnten die beiden bei

den meisten Familien aus dem Gedächtnis bezeugen, was diese einst an Liegenschaften besessen hatten und welches die Erbberechtigten waren. Sie hatten natürlich auch in den vergangenen zwei Jahrzehnten jeden Heimkehrer nach dem Schicksal seiner Angehörigen befragt und konnten nun alle Angaben der Dorfbewohner überprüfen. Im Zweifelsfall wandten sie sich an den Ältesten im Dorf, den Zimmermann Melchior Möhni, dessen Gedächtnis noch ein gut Stück weiter zurückreichte, weil er bei der Flucht schon in den Sechzigern gewesen war, oder an Jacob Rapp, den alten Scherer und Badwirt, dessen Gaststube so viele fröhliche Schmausereien, so manchen Kirchweihtanz gesehen hatte, bei dem die Aufgebotenen so gern eingekehrt, wenn sie von der Musterung heimgekehrt waren.
Um dessen Besitz ging es eben heute. Er gab dem Amtsschreiber an, daß er bereits wieder eine Behausung mit Scheuer und Gärtlein und ein neu erbautes Badhaus am Dorfrand besaß, daß seine Hofstatt Vogtrecht genoß und er dafür der Herrschaft jährlich 18 Kreuzer bezahlte, und daß sein Grundbesitz 35 Stück eigen Feld und ein Viertel von einem St. Georgener Lehen mit 23 Stück umfaßte, wofür er dem Kloster 2 Scheffel 2 Symri Veßen zu liefern hatte.
Damit wäre alles gut gewesen, und der 75jährige hätte Hof und Bad seinem 24jährigen Sohn Conrad ruhig übergeben können – wenn da nicht vor dem Amtsschreiber ein ganzer Stoß von Schuldscheinen gelegen hätte. Der Scherer hatte sie alle geprüft und war selber darüber erschrocken, denn sie trugen alle seine Unterschrift und ergaben eine Gesamtschuld von 1514 Gulden; das war mehr, als sein ganzer Besitz wert war. Vergeblich hatte er in den letzten Monaten versucht, mahnende Gläubiger zu vertrösten. Sie wollten nicht daran glauben, daß sein Badbetrieb bald wieder in Schwung kommen würde. Sie konnten nicht warten, weil sie selber Bargeld zum Wiederaufbau brauchten.
So ging die Sache jetzt ihren amtlichen Weg: Herr Habeltzhofer bot den ganzen Besitz im öffentlichen Aufstreich feil. Doch niemand im Dorf mochte die Scherersleute aus ihrem Anwesen

vertreiben. Sie waren ohne Verschulden so in Not geraten. Der alte Meister Jacob hatte schon vor dem Krieg das Baderhandwerk erlernt. Seine Eltern, Conradt Rapp und Sabina Barho, hatten ihm geholfen, in ihrem Garten in der Bindt eine Badstube zu bauen, nachdem das Gesundbad und die Wirtschaft in den Neckarwiesen abgebrannt waren. Zwar war ihm kurz darauf sein junges Weib gestorben, aber er hatte sich die Maria Glunz aus Öfingen geholt, und die hatte ihm auch brav den Erben und Nachfolger Conrad geboren.

Der war gerade vier Jahre alt gewesen, als die Kriegsfackel das ganze Dorf vernichtet hatte. Mit den Eltern zusammen waren sie in die Schweiz geflüchtet. Dort waren aber die beiden Alten rasch hintereinander verstorben.

In den restlichen 15 Kriegsjahren war der kleine Conrad dann zum Mann herangewachsen und von seinem Vater zum Bader und Scherer ausgebildet worden. Mit 22 Jahren hatte er die Maria Weiß aus Österfingen bei Schaffhausen geheiratet. Anno 1651 hatten die Eltern und das junge Ehepaar es gewagt, in die Heimat zurückzukehren und am alten Platz, draußen an der Bindt, wieder eine Badstube und ein Wohnhaus zu errichten. Das Geld dafür hatten sie zusammengeborgt – bei der Kellerey Tuttlingen, bei den Hailigen von Trossingen, Schwenningen, Oberbaldingen und Öfingen, dazu in Villingen bei Stophel Wehrlin und bei den Erben des reichen Andreas Schwert.

Die Leute hatten auf den Unternehmungsgeist der Rappen vertraut und sich mit gefreut, als die junge Baderin hintereinander zwei Buben bekommen hatte. Doch die Badstube war leer geblieben; die Leute hatten keine Zeit und kein Geld mehr zum Baden und Scheren; nur wenn sie ihre Wunden nicht selber kurieren konnten, waren sie zum Bader gelaufen. – Da hatten die Gläubiger ihr Geld zurückverlangt. Deshalb mußte der Besitz jetzt vergantet werden. Der Conrad jedoch hoffte heimlich, daß niemand im Dorf darauf bieten würde, auch aus den Nachbarorten nicht. Unter der Hand hatte er sich an die Hauptgläubiger gewandt – an die Tuttlinger Kellerei und die Hailigen der

Umgebung. Ihm, dem Jungen, auf dessen Arbeitskraft sie vertrauten, wollten sie auch ihr Guthaben noch einmal stunden, wenn er das Erbe selbst übernahm.
So trat er nun bei der Versteigerung aus dem Hintergrund und bot 912 Gulden; das war genau die Summe der Hauptschulden. Er forderte aber zusätzlich, daß die übrigen Schulden als gänzlich verloren betrachtet wurden. Dem Amtsschreiber blieb keine andere Wahl. Wie sollte er sonst einen Käufer finden in einem Dorf, das noch zur größeren Hälfte verwüstet und entvölkert lag und dessen anderer Teil schier hoffnungslos verschuldet war. –
Ehe die beiden Schreiber wieder in die Amtsstadt zurückfuhren, zählten die Männer in der Ratsstube zusammen, wie viele Bürger seit dem Kriegsende in die Gant gekommen waren. Sie kamen auf 44 Familien; und bei weiteren sechs war mit Mühe noch ein Vergleich zustande gekommen. 50 Familien, die ihre Schulden nicht bezahlen konnten! Das war ziemlich genau die Hälfte der früheren Bürgerschaft. Und die Not verschonte weder Arme noch Reiche. Unter den Gantleuten waren auch die Witwe und die Kinder von Pfarrer Volmar, der einst mit der Gemeinde ins Elend gezogen war. Auch die Jauch-Erben vom St. Bläsischen Großhof waren dabei, und hatten doch mehr als 170 Stück Feld überkommen. Das große Spitallehen des Caspar Haußer war ebensowenig verschont geblieben wie das Rottenmünster Gut des Andreas Schlenckher. Selbst der reiche Valentin Müller, der fünf verschiedene Lehen mit 140 Stück Feld umtrieb, hatte sich mit seinen Gläubigern vergleichen müssen. Und am Ende hatte es den Vogt selbst erwischt. Hannß Lauffer hatte sich und seiner Arbeitskraft zuviel zugetraut. Nur widerwillig waren seine Gläubiger auf einen Vergleich eingegangen, als seine Schuldenlast auf 2500 Gulden angestiegen war. Das nächste Mal würden sie wohl die Gant erzwingen.
Freilich, die ärmeren Leute traf es ungleich härter. Von den 44 verganteten Familien hatten 30 weniger als 12 Jauchert Feld besessen, waren also Taglöhner oder Kleinhandwerker gewesen. Die meisten waren wohl im Krieg umgekommen, oder sie

mochten das Elend daheim nicht miterleben. Sie wußten ja, daß man ihnen die paar Felder und die verbrannte, überschuldete Hofstatt doch wegnehmen würde. So blieben die Bündel und die Bürstlin, die Franckh und die Funtel, die Gompp, Göt und Götz, die Habß, Hämerlin und Held, die Kemm, Moser, Rüst und Schleücher verschollen. Man brauchte ja auch keine Taglöhner in einem Dorf, dessen Großbauern ihre Rücken selbst krümmen mußten unter der harten Feldarbeit, da es kaum mehr Pflüge gab und kaum mehr Kühe, sie davorzuspannen.

Es mangelte an Bauholz und an Werkzeug, an Hausrat und an Kleidung, an Großvieh und an Kleinvieh. Von Hand mußten die verwucherten Felder gerodet, die verschütteten Brunnen ausgegraben, die verfallenen Etterzäune aufgerichtet werden. Nur Bruchsteine gab's genug in den Häuserruinen und halbverbrannte Balken.

Aber die 300 Menschen, die sich im Jahr 1653 wieder an der Muslen eingefunden hatten, vertrauten darauf, daß der Herrgott ihnen helfen würde beim Wiederaufbau. Sie folgten willig dem Aufruf ihres Herzogs, zunächst einmal den Gottesdienst und den Schulunterricht, die sittliche Haltung und die Geistesbildung im Dorf in Ordnung zu bringen. Als im folgenden Jahr der Tuttlinger Special zur Visitation nach Schwenningen kam, konnte er dem Kirchenrat in Stuttgart berichten, daß die Gemeinde »fromm und gottesfürchtig« sei, daß der Vogt und seine Richter »in allem ein gut Lob und Gezeugnis hätten«, ebenso wie der neue Schulmeister Valentin Weber, welcher bereits wieder 30 Kinder unterrichtete. Zwar seien Pfarrhaus und Mühle noch Brandruinen, aber Kirche und Schule schon wieder ziemlich repariert, und der Ort zähle bereits wieder 328 Seelen.

Die »Inventur- und Thaylungsbücher« von 1649–1689 geben genaue Auskunft über die Vermögensverhältnisse nahezu aller Familien. Die erwähnten Personen und das Maß ihrer Verschuldung sind belegt.

Vor der Brandkatastrophe hatte Schwenningen etwa 700 Einwohner, von denen nur rund 150 die Heimat wiedersahen. 150 Kinder wurden in den 20 Jahren zwischen Brand und Rückkehr (1633–1653) auswärts oder im Ort geboren.

1688

Der Dorfälteste

8

Vier Frauen, vierzehn Kinder und viele Drangsale

Die letzten Franzosen hatten den Flecken kaum verlassen, da fiel Georg Weyler auf sein letztes Krankenbett. Die Drangsale der vergangenen Wochen waren zuviel gewesen für den alten Mann. Er hatte wieder einmal mitansehen müssen, wie fremde Soldaten von Haus zu Haus geplündert und die Leute gequält hatten. Auch auf den Angel waren sie gekommen, hatten das ganze Zinn, das von der alten Wirtschaft noch dagewesen war, mitlaufen lassen, hatten die Weinfässer leergesoffen und waren dann im Rausch den Weibern nachgerannt. Man mußte noch froh sein, daß sie den Flecken nicht angezündet hatten. Die Villinger Mühlen und die vier Nordstetter Höfe lagen bereits in Schutt und Asche. Auch vor Rottweil drüben hatten sie barbarisch gehaust. Zwanzig Bauern, die sich in eine Kirche geflüchtet hatten, waren nacket ausgezogen und zum Gaudium der besoffenen Soldaten im Feld herumgehetzt worden. Dann hatten sie immer zwei oder drei nackete Weiber mit den Zöpfen zusammengebunden, mit Karbatschen gestrichen und mit Spießen gekitzelt, daß sie vor Angst rennen und hüpfen mußten, worüber die Kerle sich halb zu Tode lachen wollten. Sie hatten auch da und dort mit Mädchen und Ehefrauen ohne alle Scheu bestialische Schand und Unzucht verübt. Was Wunders, wenn das Landvolk sich rächte, fußkranke Nachzügler und einzelne Marodeure niedermachte, wo es welche erwischen konnte.
Ein Glück nur, daß die Welschen die Belagerung Villingens nach einem Tag schon abgebrochen hatten. Die alten Schwenninger wußten vom großen Krieg her noch gar zu gut, wie schlimm es bei

solchen Belagerungen den Bauern in der Umgegend ging – viel schlimmer als den Belagerten selbst. Diesmal hatten die Welschen offenbar sofort gemerkt, wie grimmig der Baarwinter sein konnte. Dem General Chamilly mochte seine Kommandantur in Straßburg ungleich angenehmer vorkommen als das Schneetreiben auf dem Hubenloch. Der Hansjakob, Georg Weylers ältester Enkelbub, hatte sich mit ein paar Kameraden bis auf die Villinger Steig gewagt und von dort aus die kurze Beschießung und gleich darauf den Abzug der Franzosen beobachtet. Als er dem bettlägerigen Großvater davon erzählte, lachte der nur ingrimmig auf und sagte ihm, daß er selber erst ein zwölfjähriger Bub gewesen sei, als zum erstenmal feindliche Soldaten Quartier bezogen im elterlichen Haus. Das seien jetzt knapp 70 Jahre her, und in dieser Zeit habe er mehr als genug Gelegenheit gehabt, außer den Franzosen auch Schweden und Kroaten, Spanier und Italiener kennenzulernen, und die Deutschen seien kein Haar besser gewesen. Man habe sie alle allweil am liebsten gehabt, wenn der Hurenwaibel die letzten Troßweiber aus dem Flecken hinausgetrieben habe.
Als ihn der Bub bat, er möge ihm doch mehr von früher erzählen, war der Großvater gleich bereit, bat den Wißbegierigen nur, er solle sich ganz nahe ans Bett setzen und ihm vorher noch ein Kissen unter den Kopf schieben. »Du weißt, ich bin in der Schmiede in der unteren Muslen aufgewachsen. Mein Ehni hieß Jörg wie ich und kam als Schmied in den Flecken, bald nach dem Bauernkrieg. Seitdem gab's hier zwei Schmieden, und auf der unteren hämmerten immer die Weyler. Als die Villinger das Dorf niederbrannten, traf es auch uns. Ich war damals schon 26 und verheiratet, mit der Barbara Schorpp aus Trossingen. Sie war eine Witwe und hatte von ihrem ersten Mann drei Kinder, zwei Mädchen und einen Buben. Als Heiratsgut hatte sie mir den schönen Besitz ihres verstorbenen Mannes mitgebracht, das Haus auf dem Angel samt 50 Stück Feld und etlichen Wald. Ich selber hatte nur die Schmiede und ein wenig Feld geerbt; aber zusammen hatten wir ein nettes Vermögen.

Das mußten wir alles zurücklassen, als wir mit den Kindern in die Schweiz flüchteten. Ich verdingte mich als Knecht bei einem Schmied, der uns zwei Stuben einräumte. Aber das Annale und das Melle starben kurz hintereinander. Und der Michael, der Bub, kam nicht mehr zurück, als er bei den Bergbauern Arbeit suchte. Er blieb verschollen bis auf den heutigen Tag, obwohl seine Mutter bis auf ihr Totenbett daran festhielt, daß er noch am Leben sei. Wir hatten damals schon selbst einen Sohn bekommen, den Hansjakob, deinen Vater. Als seine Mutter starb, war er gerade neun Jahre alt. Mit ihm zusammen wanderte ich noch vor Kriegsende mit ein paar Landsleuten zurück nach Schwenningen.

Dort gab mir der alte Thöbus Kempff seine Anna zur Frau. Außer 16 Gulden Bargeld war kein Heiratsgut vorhanden. Aber ich hatte ja meine Felder und die zwei Hofstätten. Anna war acht Jahre jünger als ich, war munter wie ein Vogel und wurde deinem Vater eine gute Mutter. Sie bekam selbst der Reihe nach fünf Mädchen. Du kennst nur zwei davon, die Annabas auf der Lehr und die Maria-Bas im Schneiderhäusle. Das Dorle starb noch als Kind. Die Margret ist mit ihrem Mann ins Braunschweigische gezogen. Und von der Kätter red ich nicht gern; die treibt sich allein in der Welt herum und wird wohl erst wiederkommen, wenn sie weiß, daß ich ihr das Erbteil gekürzt hab.«

Der Kranke schwieg eine lange Weile, und Hansjakob traute sich nicht, ihn zum Weiterreden zu drängen. Gerade, als er sich davonschleichen wollte, regte sich der Großvater wieder.

»Als ich zurückkam, hatte sich bereits ein fremder Schmied eingerichtet, der Forster Ulrich. Da ließ ich das Handwerk, verkaufte die Hofstatt in der Muslen und fing an, mit meinem andern Weib auf dem Angel zu bauen. Wir hatten auch genug zu tun, die verwilderten Felder wieder herzurichten. Zum Glück war es gar nicht so schwer, Geld aufzunehmen. Der hiesige Hailige, die Kellerei Tuttlingen, der Junker Johann im Thurn zu Schaffhausen und der Hafner Stophel Krautt aus Villingen liehen uns über 500 Gulden; der Junker gab uns überdies für 200

Gulden Wein auf Borg. Mein Weib brachte mich nämlich auf den Gedanken, wir könnten doch eine Wirtschaft aufmachen.
Du hast ja den ›Schwarzen Engel‹ selbst noch erlebt. Wir hätten ihn immer noch; aber dein Vater wollte ihn später nicht mehr weiter betreiben, als ihm der Lehmann mit seiner neumodischen Herberg in der Hintergaß die Gäste weglockte. Die feinen Leute aus der Stadt kehrten halt lieber dort ein, nachdem der Wirt die Wittib unseres Pfarrers Engel geheiratet hatte. Sie wollten sich alle gern von einer ehemaligen Pfarrerin bedienen lassen. Aber zu seiner Zeit trug uns der ›Schwarze Engel‹ so viel ein, daß wir alle unsere Schulden bezahlen und noch 32 Stück Feld dazukaufen konnten. Wir statteten auch unsere Wirtschaft so gut aus, daß wir bei Hochzeiten oft sechs Dutzend Gäste zumal verköstigten. Das waren die besten Jahre meines Lebens. Aber die Anna hat sich bei der doppelten Arbeit übermacht. Aus dem letzten Kindbett ist sie nicht mehr aufgestanden, und war doch erst 41 Jahre alt.«
Hansjakob meinte: »Da war's gut, daß der Vater schon 20 war und dir beim Bauernwerk helfen konnte.«
Der Alte seufzte. »Das schon. Aber die Mutter für die fünf Mädchen konnt er mir nicht ersetzen, und die Wirtin auch nicht. So heiratete ich halt zum drittenmal. Die Margret war des Totengräbers Tochter. Sie war 23, ich bereits 50. Ich hätt's mir eigentlich sagen müssen, daß ich ihr zuviel aufhalste. Und dann kamen kurz hintereinander noch fünf Buben zu den Mädchen dazu – der Baltas, der Ulrich, der Georg, der Hannß und Martin. Gewiß, es haben alle fest zusammengeholfen außer der Kätter, allen voran die Marie und auch dein Vater. Doch dann hat eins nach dem andern geheiratet, und wir standen mit den Buben und den Ehhalten allein auf dem Feld. Wir haben die Wirtschaft aufgegeben, dafür aber noch einmal 35 Stück Feld dazugekauft, so daß wir mit 135 Stück zu den vier größten Höfen im Flecken zählten. – Das hieß Gott versuchen. Auch der Margret wurd's zuviel. Mit 45 starb sie; ihr Jüngster war erst elf Jahr alt.«
»Bei ihrer Leich war ich dabei«, sagte Hansjakob eifrig. »Ich war

ja selber schon sechs damals. Ich weiß noch gut, wie die Leut unterwegs immer vom Frieden von Nymwegen und von den Kontributionen sprachen, die wir den Franzosen zahlen müßten, und daß sie lieber auswandern wollten nach Sexau, weil's dort sicherer und wärmer sei.«
»Ja, die Franzosen«, murmelte der Kranke. »Anno 33 haben sie geholfen, das Dorf zu verbrennen. Anno 49 haben uns ihre Marodeure die Felder und Gärten verwüstet. Anno 79 haben sie uns die Kontributionen abgepreßt. Und jetzt haben sie uns das Haus leergeplündert.«
Der Bub merkte, daß der Ehni den Schlaf suchte. Er stahl sich hinunter in die Küche zur Ursel-Bas. Sie war immer gleich freundlich und nett zu ihm. Sie wollte es auch nicht leiden, daß er »Ahne« zu ihr sagte, sie dünkte sich viel zu jung dazu; die Hälfte ihrer Stiefkinder war ja älter als sie selber. So hatte sie, als der alte Georg Weyler sie als sein viertes Weib ins Haus geholt hatte, bei ihm durchgesetzt, daß die ganze Familie »Ursel-Bas« zu ihr sagen durfte. Als der Hansjakob ihr jetzt berichtete, der Ehni habe ihm viel von den Franzosen erzählt, meinte sie ernst: »Weißt, er hat halt mehr als 50 Jahre mit ihnen zu tun gehabt. Jetzt verfolgen sie ihn noch bis in den Tod.«
Auf des Buben erschrockene Frage: »Ja, muß denn der Ehni bald sterben?« beruhigte ihn die Bas: »Nein, nein! Soweit ist es noch nicht. Aber wenn einer schon 81 ist, muß man immer dran denken.«
Zehn Tage später war Georg Weyler tot. Am Heiligen Abend begruben sie ihn, den ältesten Mann im Dorf.

Wir haben keine genaue Kunde davon, wie es zur Zeit des Franzoseneinfalls im Winter 1688 in Schwenningen zuging. Nach allen Berichten aus der Umgebung müssen es fürchterliche Wochen gewesen sein. Der Bericht über die besonderen Drangsale der Bauern stammt von dem Präzeptor Daniel Speer. Die Angaben über Georg Weyler und seine Familie sind aus den »Inventar- und Thaylungsbüchern« der Jahre 1649–1689 entnommen.

1700

Mühlenstreit

9

Die Müllerstochter heiratet einen Reingeschmeckten

Der Jungknecht kam verärgert mit dem Vieh von der Kornbind zurück. Am Weiherrain hatte ihn der Babart gestellt, weil die Rotscheckige auf der Hammerstatt durch den Etter gebrochen war und ein paar Maul voll Klee von der Allmand gerupft hatte. Es war halt ein alter Streit zwischen dem Müller und der Gemeind, ob jener das Recht hatte, mit seiner großen Herd über die Hammerstatt abzukürzen zur Brachwies auf der Kornbind, wenn er von daheim zog.

Der Müller nahm die Meldung seines Knechts mit lautem Unmut entgegen. Vor dem Schärfbock traf er seinen jungen Schwiegersohn. Der Christian hielt mit Körnen inne, um zu erfahren, was es denn wieder gäbe. Auch er meinte, dahinter stecke halt wieder die mißgünstige Bentzing-Sippe. Der alte Hannß konnte es anscheinend trotz seiner 80 Jahre noch nicht verwinden, daß sein Vorvetter Jacob damals das schöne Vogtslehen samt der Mühle so leichtsinnig verkauft hatte, und daß ihm selbst nach dem Krieg, als die Mühle so wohlfeil vergantet wurde, das Bargeld ausgegangen war. Christian wollte wissen, wie es der Großvater Schlencker fertiggebracht hatte, das Freilehen zu ersteigern. Der Schwiegervater meinte, das lasse sich besser in der Stube drin erzählen, es sei ohnehin Zeit zum Vespern.

Die Müllerin kam vom Garten herein und brachte den ersten Salat. Anna, ihre Tochter, hatte Maltersäcke zum Trocknen aufgehängt. Man sah es ihr schon an, daß der Hoferbe unterwegs war; der Untervogt jedenfalls rechnete fest darauf, daß es ein Bub werde. Zur Magd und zum Knecht sagte er, sie sollten in der

Küche vespern, er habe mit den Weibern und dem Christian Wichtiges zu besprechen. Dann hub er an:

»Ihr wißt ja, daß unser Mühlenlehen vormals ein freies herrschaftliches Lehen war, das dem Schwenninger Dorfsvogt als Entlohnung für sein Amt zustand; der brauchte dafür nur eine geringe Fruchtgült an die RentCammer zu liefern, war aber sonst steuerfrei. Mein Vater selig hat's noch von seiner Mutter gehört, daß ihr Ehni väterlicherseits, der alte Dorfsvogt Hannß Bentzing, den sie ‚Guli' nannten, den Lehensbrief des Herzogs Ludwig aufbewahrt hat. Der Guli hatte demnach außer dem Mönchhof und den drei andern St. Georgischen Lehen auch noch das Vogtslehen mit der Mühle besessen. Aber sein Sohn Jacob, der nach ihm das Vogtsamt führte, war ein Verschwender und verkaufte das ganze Lehen an den auswärtigen Müller Claus Lehenmann. Wie er das fertig brachte ohne Genehmigung der RentCammer, ist mir unklar. Jedenfalls aber blieb jener nicht lang auf der Mühle, sondern verkaufte sie weiter an einen Paulin Linck. Der kam, glaub ich, von Schura.

Im Krieg wurde nun die Mühle so oft ausgeplündert, weil sie abseits lag, daß der Linck immer wieder Geld aufnehmen mußte. Mal lieh ihm die Herrschaft in Tuttlingen, mal die Stadt Villingen, bis er mit rund tausend Gulden verschuldet war. Und da brannte die Mühle mit dem Dorf ab. Der Linck flüchtete und starb in der Fremde. Seine Wittib konnte die Schulden nicht bezahlen. So kam ihr Besitz in die Gant.

Mein Vater bot für das Mühlelehen 318 Gulden und bekam den Zuschlag. Die andern Güter gingen an zwei weitere Schwenninger Bürger. Weil nun meines Vaters Mutter, die Agath Bentzing, aus dem Mönchhof stammte, kam somit das Vogtslehen wieder an die Nachkommen der Bentzing-Vögte. Und weil mein Vater Untervogt war wie ich, ist es auch wieder ein echtes Vogtslehen. Bloß, den alten Hannß Bentzing wurmt es, daß die Müller jetzt Schlencker heißen.

Und damit bin ich bei deiner Frage, Christian. Der alte Hannß war bei der Gant erst 36 Jahre alt und noch nicht lang mit seiner

ersten Frau verheiratet. Er hatte vom großväterlichen Erbe ein schönes Stück, den weitaus größten Teil des Mönchhof-Lehens mit rund 200 Stück Feld, geerbt. Aber er und sein Vetter, der Schloß-Jäcklin, mußten die drei Schwestern seines verstorbnen Vaters ausbezahlen und hatten deswegen gleich nach dem Krieg kein Bargeld zur Verfügung. Mein Vater aber profitierte davon, denn seine Mutter war ja eine von den drei Schwestern. Er bekam fast 500 Gulden als mütterliches Erbteil zugesprochen.
Er selber hatte sich überdies zu Weiterdingen unterm Hohenstoffeln, wohin er nach dem Brand geflüchtet war, 250 Gulden erspart. Und sein junges Weib, das er vom Fucker-Hof dort nach dem Krieg heimbrachte, bekam von ihrem Vater als Vorauszahlung auf ihr Erbteil auch noch 30 Gulden mit. So hatten meine Eltern mehr als genug Geld, das Mühlelehen aus der Gant zu lösen. Sie mußten allerdings nachher noch über tausend Gulden aufbringen, um die Mühle wieder aufzubauen. Doch erhielt meine Mutter nach dem Tod ihrer Eltern für ihren Anteil am Fucker-Hof so viel ausbezahlt, daß der Vater kein fremdes Geld hineinstecken mußte, zumal die Mühle sofort guten Zulauf bekam.
Später, anno 1663, kaufte der Vater sogar noch das Stück Allmand von der Gemeinde, auf dem jetzt unsere Beimühle steht, um 70 Gulden. Sieben Jahre drauf wurde er zum Untervogt gewählt; seitdem ist die Mühle wieder eine Vogtsmühle.«
Hier unterbrach ihn sein Weib und wandte sich scherzhaft an ihren Schwiegersohn: »Streng dich an, Christian, daß du bald Vogt wirst. Wenn schon dein Schwiegervater Untervogt in Schwenningen und dein Vater gar Vogt in Trossingen ist, müßtest du's doch auch schaffen.« Der Christian wehrte lachend ab: »Ihr spinnt einen langen Faden, Mutter. Jetzt bin ich grad erst 22 geworden, da hat's noch gute Weil. Unser Dorfsvogt, der Ludwig Schueler, ist genau so Vogtssohn wie ich, wenn auch sein Vater vor der Zeit in Dürrwangen resigniert hat. Und sein Weib, die Agath, stammt genau so aus der Mönchhof-Sippe wie meine

Anna hier. Du weißt auch genau, daß die Schwenninger keinen Reingeschmeckten zum Dorfsvogt haben wollen, und schon gar keinen Christian Bürck aus Trossingen, der ihnen schon als Müller zuwider ist.«

»Ja«, meinte der alte Müller, »das sind Spintisierereien. Aber der Kampf um unser Mühlenrecht ist Wirklichkeit. Der Schueler gibt keine Ruhe, so wenig wie der Vogt Haller vor ihm. Der Schueler und die Bentzing wollen partout durchsetzen, daß wir Steuern aus der Mühle bezahlen. Ich weiß auch, daß sie heimlich daran denken, weiter unten am Neckar selbst eine Mühle zu bauen. Bei meines Vaters Prozeß um sein Wasserrecht vor 18 Jahren hat auch eine von denen, Schloßjäcklins Anna, ihre Hand mit im Spiel gehabt. Bis zum Obervogt sind die damals gegangen, bloß weil ihnen ihre Brachwies zwischen unserer Mühle und Beimühle ab und zu naß wurde.

Aber diesmal laß ich's selber drauf ankommen. Ich hab mir vom Advokat bereits einen Beschwerdebrief aufsetzen lassen. Klipp und klar steht da drin, daß das Mühlengut von alters des Vogts Salär gewesen, und daß mein Vater nie Steuern daraus bezahlen mußte. Auch hab ich's der Herrschaft deutlich gesagt, daß die Feindschaft im Flecken gegen uns erst entstanden ist, seitdem ich unsere Anna einem Auswärtigen zur Frau gab. Am liebsten hätt ich noch reinschreiben lassen, daß wir den ganzen Neid nur der hoffärtigen Reiserin aus Thalheim verdanken, dem Weib des jungen Hannes Bentzing, die ihr kurzgewachsenes Jaköble halt gar zu gern mit unserer Anna verkuppelt hätte. Als ob das Mändle je zwei Kornsäcke auf einmal die Biettreppe hinaufgetragen hätte wie der Christian hier. Mich giftet's schon, daß sein Schwiegervater, der Jäckle-Beck, jetzt neben mir im Dorfgericht sitzt.

Der Advokat mußte auch deutlich schreiben, daß mich der Umbau eine Menge Geld gekostet hat, und daß die Bauern ihren Vorteil davon haben, weil sie jetzt nicht mehr nach Villingen rüberfahren müssen. Sie wissen ja auch, daß unsere neuen Mahlgänge besser sind als die drüben, vor allem der Gerbgang.

Und seitdem wir die Beimühle zur Säge umgebaut haben, bringen sie die Stämme von weither. Für uns rentiert sich die Säge jetzt besser als die frühere Futterstampfe. Es steht auch drin, daß ich wegen einer besonderen Abgab von der Beimühle mit mir reden laß. Bloß, die Ordinari- und die Extraordinari-Steuer brauchen wir nicht zu bezahlen. Das steht in unserm Tuttlinger Kaufbrief. Unser Gut ist nun mal kein gemeines Bauernlehen, sondern ein Erblehen des Herzogs, und der kann sich doch nicht selber besteuern.
So, Christian, jetzt weißt du, um was es geht. Wenn du kein Schißhas bist, so sattelst du morgen den Fuchs und trägst den Brief hinüber aufs Oberamt mit einer Empfehlung vom Schwenninger Müller und Untervogt Erhardt Schlencker, deinem Schwiegervater. Ich bring dir den letzten Schluck Wein auf ein gutes Gelingen.«

Der Beschwerdebrief stammt vom 19. 6. 1700. Die Vermögens- und Verwandtschaftsverhältnisse sind anderen Urkunden entnommen. Die Mühle wurde nach dem 30jährigen Krieg wieder aufgebaut von Untervogt Hanß Schlencker und Maria Fuckher aus Weiterdingen. Ihr Sohn Erhardt, Untervogt, heiratete die Wirtstochter Catharina Kohler aus Talheim. Der Schwiegersohn Christian Bürck aus Trossingen wurde später Dorfsvogt. Christian Bentzing baute 1712 weiter unten eine kleine Hausmühle. Aus ihr entwickelte sich bald eine richtige Kundenmühle. Zwischen dieser »hinteren« und der alten »oberen« entstand später noch eine »mittlere« Mühle, welche ebenfalls einem Dorfvogt gehörte und deswegen als »Vogtsmühle« im Bewußtsein der Schwenninger weiterlebt.

1704

Der zweite Glockenraub

10

Der spanische Erbfolgekrieg zieht über die Baar

Es sollte noch viel Arbeit geben für den Schwenninger Bader, und er war recht froh, daß man ihn in jungen Jahren schon zum Großvater nach Winnenden in die Lehre geschickt hatte. Magister Melchior Otto hatte dort als Bruchschneider und Wundarzt eine ausgedehnte Praxis betrieben und seinem Enkel viele Kunstkniffe beigebracht. Der hatte es zwar dann nicht bis zum Magister gebracht, doch seine Erfahrungen kamen ihm jetzt sehr zugute, seitdem er die Badstube im Außerdorf von seinem Schwiegervater übernommen hatte.

Als sein Vater vor acht Jahren Pfarrer in Thalheim geworden war, hatten ihm die Leute erzählt, in Schwenningen drüben sei der Bader und Bruchschneider Johannes Rapp knapp 40jährig gestorben und der alte Scherer Conrad, sein Vater, suche dringend nach einem Nachfolger. Der Pfarrer hatte seinen Sohn Friedrich empfohlen, und der war gern von Winnenden auf die Baar umgesiedelt, wo er seinen Eltern nahe sein konnte. Er mußte sich freilich mit der Badstube begnügen. Die Wirtschaft zum »Rappen«, die bisher dazu gehört hatte, wollte des Johannes Wittib nicht hergeben. Dafür aber fand Friedrich Otto die junge Maria, des alten Conrad Töchterlein aus zweiter Ehe, so liebreizend, daß er sich vornahm, so lange zu warten, bis sie im Heiratsalter war. Der alte Scherer hatte den beiden noch auf dem Totenbett seinen väterlichen Segen gegeben; und kaum war das Trauerjahr umgewesen, da hatte der junge Bader die 16jährige geheiratet.

Er verstand es ebensogut wie seine Vorgänger, mit Messer und

Salben umzugehen, und bald war auch er im weiten Umkreis ein vielbegehrter Mann, namentlich, wenn es blutige Händel mit den durchziehenden Soldatenvölkern gab, oder wenn die Soldatenweiber, die sich nicht gern den Bauernhebammen anvertrauten, seine Hilfe als Geburtshelfer brauchten. Er konnte es aber auch nicht verhindern, daß gelegentlich eins von den Fremden starb. Sogar einer, den er von früher her kannte, ein Dragoner aus Winnenden, war darunter. Der lag jetzt auf dem Friedhof neben einem Soldatenweib aus Naumburg. Auch drei Soldatenkinder hatten sie in den letzten Jahren begraben; das letzte war eines Hauptmanns Kind aus Sachsen gewesen. Dicht dabei hatten die jungen Eheleute zwei eigene Kinder, die halbjährige Regina und die vierjährige Annemei, beerdigen müssen.
Da war schon Krieg gewesen im Land. Im Frühjahr bereits waren 30 000 Franzosen durch die Hornberger Schanzen gebrochen und hatten dann Villingen zwei Tage lang belagert. Streifkommandos waren auch nach Schwenningen gekommen und hatten mitgenommen, was sie in der Eile erwischen konnten. Vor allem im Pfarrhaus hatten sie übel gehaust. Pfarrer Kreußer hatte Angst bekommen um seine Frau und seine Töchter und hatte sie zu Verwandten in die Schweiz geschickt. Aber unterwegs war Frau Anna Maria gestorben und ohne ihren Mann zu Steinhausen am Zuger See begraben worden.
Die Woche drauf hatte man den Bader zu einem Sterbenden ins Pfarrhaus geholt. Französische Soldaten hatten den Weber Jacob Bentzing hinter der Pfarrscheuer erschossen. Als der Bader kam, hatte der Pfarrer dem Toten schon die Augen zugedrückt. Der Weber hinterließ eine schwangere Frau mit drei unversorgten Kindern. Sie war zu ihren Verwandten nach Thalheim gezogen. Das waren die Tage gewesen, da die Franzosen die kurze Belagerung von Villingen abgebrochen hatten und nach Tuttlingen weitergezogen waren. Dort hatten sich der Marschall Villars und der Kurfürst Max Emanuel von Bayern im »Hirschen« getroffen und hatten wohl ihre Feldzugspläne besprochen. Die Franzosen hatten bei Tuttlingen drei volle Wochen gelagert und

der Umgebung viel Leid zugefügt. Den Möhringern hatten sie die ganze Frühjahrssaat verderbt. Den Fridingern hatte der General Marivault allein 100 Ochsen weggenommen. Tuttlingen selbst hatte 3000 Gulden Brandschatzung erlegen müssen. Auch von dort waren viele Leute in die Schweiz geflüchtet; Dekan Baldenhofer war todkrank zurückgekommen. Schließlich hatten sich die Franzosen mit den Bayern bei Riedlingen vereinigt und zwischen Donau und Lech Quartier bezogen.
Jetzt war's wieder Frühjahr, und mehrere Heerhaufen zogen zu gleicher Zeit durch die Gegend. Im April ließ der kaiserliche Feldmarschall Thüngen Schanzen aufwerfen zwischen Tuttlingen und Stockach. Er wollte den Zuzug eines neuen französischen Heeres nach Bayern verhindern. Aber als dieses Heer unter dem Marschall Tallard durchs Bregtal auf Hüfingen zu zog und gleichzeitig der bayrische Kurfürst mit Marschall Mercy gegen Tuttlingen vorrückte, da wurde es dem Thüngen zu gefährlich, und er zog sich auf Rottweil zurück. Bei Niedereschach stieß zuerst der Herzog Eberhard Ludwig von Württemberg zu ihm, gleich darauf auch der Markgraf Ludwig von Baden, der »Türkenlouis«. Das waren angstvolle Tage für die Schwenninger: 35 000 Kaiserliche im Norden, 30 000 Bayern und Franzosen zwischen Donaueschingen, Bräunlingen und Hüfingen im Süden.
Am 17. Mai rückten die Letzteren gegen Villingen vor. Ihr Lager dehnte sich vom Brigachufer bei Rietheim bis hinauf zum Laible. Die Kanonen schossen heftig hin und her. Doch wieder kam es zu keiner richtigen Belagerung. Nur die Dörfer in der Runde hatten zu leiden. Ende Mai zog das feindliche Heer über Tuttlingen nach Ulm. Tallard reiste zurück nach Frankreich.
Im Juli kam er erneut mit einem Heer von dort über den Schwarzwald. Diesmal wählte er den Weg durchs Elztal und übers Landwassereck nach Hornberg. Zwischen Mönchweiler und dem Hardt bezog er Quartier mit 30 000 Mann. Prinz Eugen, welcher inzwischen den Oberbefehl über die kaiserlichen Truppen übernommen hatte und jetzt die Operationen am Oberrhein selbst leitete, schickte Verstärkung nach Villingen.

Kaum war sie am Abend des 16. Juli in der Stadt, da rückte Tallard heimlich aufs Hubenloch und ließ in der Nacht noch Schanzen aufwerfen für seine Geschütze. Diesmal dauerte die Beschießung eine ganze Woche; die Mauern sollten sturmreif geschossen werden. Aber die tapfere Gegenwehr der Villinger und fortdauernd schlechtes Wetter verhinderten den Angriff.
Und wieder mußte das Umland für den Mißerfolg büßen. Bei Rottweil überfielen die Franzosen eine Abteilung von 300 Soldaten, töteten einen Teil, nahmen den Rest gefangen. Mariazell ging in Flammen auf. In Kappel raubten sie die Kirchenglocken. Als Tallard über Tuttlingen den Anschluß an das feindliche Hauptheer suchte, zündeten seine Soldaten auch Thalheim an.
Der Bader, der in Schwenningen davon hörte, packte seinen Wagen voll mit Eßwaren, Bettstücken und Kleidern, die er eilends zusammengebettelt hatte, und fuhr hinüber zu seinen Eltern. Er fand das Pfarrhaus zwar unversehrt, aber 19 Familien waren obdachlos mit 85 Kindern, darunter auch die Wittib des erschossenen Schwenninger Webers mit ihren vier Kleinen. Pfarrer Otto versprach seinem Sohn, er werde für weitere Hilfe sorgen, und er brachte es tatsächlich so weit, daß die herzogliche Cammer eine Sammlung für die dortigen Notleidenden in mehreren Ämtern zuließ.
Prinz Eugen brauchte Villingen nicht zu entsetzen. Er ritt aber von Rottweil herüber und lobte die Bürgerschaft und die Soldaten für ihre Tapferkeit. Er verstärkte auch die Stadt Rottweil und die Umgebung mit 6000 Mann. Doch für die Dörfer auf der Baar blieb davon nichts übrig.
Das zeigte sich alsbald, als die Franzosen nach der Niederlage bei Höchstädt die Donau herauf dem Schwarzwald zustrebten. Sie plünderten Wurmlingen, verbrannten in Rietheim bei Tuttlingen 8 Häuser, in Donaueschingen deren 20. Tuttlingen selbst lag so voller toter Pferde und Rinder, daß man das Wasser aus der Donau nicht mehr trinken konnte und für ein Maß Brunnenwasser 15 Kreuzer zahlen mußte.

In Kirchdorf und Aasen stahlen die Soldaten die Kirchenglocken, Pfohren und Döggingen wurden fast vollständig eingeäschert. Obwohl die Truppen das feste Villingen umgehen mußten, fielen sie auch über das abseits gelegene Schwenningen her, zündeten sechs Häuser an und holten die Glocken samt der neuen Turmuhr aus der Kirche, die erst vier Jahre zuvor wieder eingeweiht worden war. Vergebens beschwor Pfarrer Kreußer die Soldaten, sie sollten doch wenigstens die Uhr auf dem Turm lassen, der Flecken habe seit dem großen Krieg ohne rechte Zeiteinteilung leben müssen. Der fremde Capitaine hatte ihn nur ausgelacht und war mit seiner Beute davongefahren. Fast neunzig Jahre hindurch blieb er zum Glück der letzte feindliche Soldat, den das Dorf zu sehen bekam. Dafür aber wurden dessen Bewohner in der zweiten Jahrhunderthälfte durch innere Wirren bis an den Rand eines bewaffneten Aufstands getrieben, so daß von einer wirklichen Friedenszeit keine Rede sein kann.

In all den Kriegen Ludwigs XIV. wurde unsere Gegend stark mitgenommen, am meisten aber in den Jahren 1703/04. Die Nachrichten darüber sind allerdings recht spärlich, nur von der Belagerung Villingens ist ausreichend viel bekannt. Der Glocken- und Uhrenraub in Schwenningen wird im Visitationsbericht des Tuttlinger Dekans nur nebenbei erwähnt, der Tod der Pfarrfrau in der Schweiz und die Ermordung des J. Bentzing stehen in den Kirchenbüchern verzeichnet.

1721

Steuerschätzung

11

Die Regierung prüft die Steuerkraft der Gemeinde

Die Schlußbesprechung fand in der Ratsstube statt. Den Vorsitz führte Herr Jacob Angelinj, der herzogliche Steuer-Revisions-Commissar. Ihm zu beiden Seiten saßen die sechs Steuerdeputierten, lauter alteingesessene und vermögliche Bürger. Im Vogtssessel, dem Commissar gegenüber, hielt sich zwischen seinen anderen Richtern still und unauffällig der alte Vogt Andreas Schlencker, trotz seiner 70 Jahre noch klar im Geist und tüchtig im Amt.
Eine langwierige und verzwickte Arbeit lag hinter der Steuercommission. Anno 1713 war der herzogliche Befehl ergangen, in allen württembergischen Amtsflecken die Güter neu zu vermessen und alle Arten von Einkunftsmöglichkeiten der Bürger und der Communen sorgfältig abzuschätzen. In Schwenningen hatte demgemäß Leonhard Miller, der examinierte Feldmesser aus Tuttlingen, sämtliche Häuser und Hofraithen, Gärten und Wege, Äcker und Wiesen, Wälder und Allmanden auf den Quadratschuh genau ausgemessen und in einer Liste festgehalten.
Die reicheren unter den Bauern hatten seine Arbeit mit Mißtrauen verfolgt. Er war nämlich von der Regierung angehalten, das neue württembergische Meß anzuwenden, auch alle Güter nach Lage und Güte zu classifizieren. Jetzt wußte jeder Güterbesitzer auf Morgen und Vierteln und Quadratruten genau, wie groß seine Stücke waren und in welche der sechs Classen sie gehörten. Gerade das aber paßte den vermöglichen Bauern nicht.
Bei dem andern Beamten, der gleichzeitig im Flecken tätig gewesen war, hatten sie es durchgesetzt, daß die alte »Observanz« beibehalten wurde. Der beeidigte Renovator Kuppinger, der im

Auftrag des Oberamtes die Aufzeichnung aller Lehensgüter und der darauf lastenden Zinsen und Gülten vorgenommen hatte, mußte bald einsehen, daß in seinem Bereich, wo es nicht um staatliche Verordnungen, vielmehr um uralte Lehensverhältnisse ging, die überkommenen Ordnungen stärker waren als die Vernunft. Vergebens hatte er die Leute darauf hingewiesen, wie ungerecht ihre Gewohnheit sei, alle Felder nur dem »Stuck« nach zu bemessen. Da gab es Ackerstücke, die waren knapp 100 Quadratruten groß, während andere mehr als 250 maßen; und doch wurden sie beide gleich belastet. Es gab auch nasse und kalte, hängige und steinige, ferne und waldschattige Stücke, und wurden doch gleich angesehen wie die warmen und trockenen, dorfnahen und tiefgründigen Felder.

Natürlich hatte der Renovator bald bemerkt, weshalb die reichen Bauern so starr an ihrer alten Ordnung festhielten. Von ihren Lehensgütern hatten sie nämlich alleweil nur die minderen und abgelegenen Stücke vergeben oder verpachtet. Die guten hatten schon ihre Großeltern und Eltern für sich behalten. Jetzt lieferten die Beiträger von ihren schlechten Stücken ebensoviel an die Herrschaft wie die Träger von ihren guten. Die kamen also viel besser weg, wenn man ein Stück ins andere rechnete. Den Lehensherren aber war es gleichgültig, von wem sie ihre Gülten und Zinsen bekamen.

Am liebsten hätten nun die großen Bauern ihre selbstsüchtige Ordnung auch bei der staatlichen Steuerschätzung beibehalten. Doch die herzoglichen Commissare hatten strenge Weisung, nach Vorschrift zu messen und zu classifizieren. Die Gemeindedeputierten hatten zwar versucht, da und dort bei der Schätzung Vorteile für sich und ihre Gesippen herauszuschlagen. Doch bei Herrn Angelinj waren sie an den Unrechten gekommen. Er hatte ihnen unmißverständlich zu verstehen gegeben, daß sie als Deputierte in herzoglichem Dienst stünden und den strengsten Gesetzen unterworfen seien. Die Schätzung werde ausschließlich nach sachlichen Gesichtspunkten durchgeführt, und damit punktum.

Am Ende jedoch mußte die ganze Bürgerschaft feststellen, daß

gerade in ihrem Fall solche Sachlichkeit dem Flecken weit größeren Nutzen eintrug als die erhoffte Rücksichtnahme auf einzelne Familien. Was der Herr Commissar den Gemeinderichtern und Steuerdeputierten jetzt bei der Schlußsitzung vortrug, war viel günstiger, als sie zu hoffen gewagt hatten. Er teilte der Regierung in Stuttgart nämlich mit, und er bewies es mit unwiderleglichen Tatsachen, daß der Flecken Schwenningen in vielfältiger Weise benachteiligt sei gegenüber den andern württembergischen Dörfern, auch gegenüber den Nachbarorten auf der Baar. Es bleibe ihm nach reiflicher Prüfung der Gegebenheiten und bei gewissenhafter Beachtung seiner gesetzlichen Vorschriften nichts anderes übrig, als die nominelle Steuerlast der Gemeinde um ein Erkleckliches zu verringern.

Er las den Versammelten seinen ganzen Steuerbericht vor. Sie aber merkten sich nur die Punkte, welche eben diese Benachteiligung der Gemeinde hervorhoben. Diese besagten:

»1. Der Feldbau um den Ort steht vergleichsweise gut. Doch brauchen die Bauern für den harten, schweren Boden immer 4 bis 6 Stück Zugvieh. Wenn nun die Schwenninger trotz ihrer schlechten Wiesen und geringen Weiden eine vorbildliche Wintersaat stehen haben, so rührt das nur davon her, daß sie von ihren Nachbarn, sowohl Villinger als Rottweiler Untertanen, an die 500 Morgen Feld gepachtet und gekauft haben, auf welchen sie fast ausschließlich Haber anbauen. Sie kaufen aber zusätzlich noch weiteren Haber, auch Heu und Stroh, und verfüttern alles an jenes Zugvieh, um den Grasmangel auszugleichen. Das Vieh aber liefert so viel Dung, daß die Winterfrucht hervorragend gedeiht. Dafür ist aber die Sommerfrucht um zwei Drittel geringer als im Landesdurchschnitt. Man mußte hier sogar noch 100 Morgen Ackerfeld in eine 7. Classe einstufen, die es sonst im Land gar nicht gibt. – All das ergibt, daß die Commission den Steuerwert der hiesigen Äcker statt auf 70 790 Gulden nur auf insgesamt 57 340 Gulden ansetzen kann.

2. Der Ort hat gar wenige Öhmdwiesen, und die besten unter ihnen werden oft vom Neckar überschwemmt. Die Adelwiesen aber

liegen zumeist eine halbe Stunde vom Ort entfernt. Der Wieswachs ist auch teils morastig, teils moosig, und wegen der vielen Abzugsgräben sind die Wiesen oft schwer zugänglich. Das Vieh frißt tatsächlich lieber leeres Stroh als das saure, stengelige Heu von den Wiesen beim Dickenhardt und Bauchenberg, in Hülben, Weiden, Hintersee- und Schalmenwiesen. Auch bei den Wiesen mußte die Commission noch eine 8. und 9. Classe anhängen, um die schlechtesten 100 Morgen überhaupt besteuern zu können. Für die Güte-Classen 1.–3. gab es rein gar keine Wiesen.

3. Die Gärten, meist winterhäldig und schattig, können nur den Classen 4, 5 und 6 zugeteilt werden, zumal hier sehr wenig Obst angebaut wird.

4. Es gibt nur Tannenwälder. Sie stehen zwar gut, reichen aber bei weitem nicht aus, die zahlreiche Einwohnerschaft mit Bau- und Brennholz zu versorgen, so daß die Bürger von auswärts Holz zukaufen müssen.

5. Die Felder stoßen zu einem guten Teil an die fürstenbergischen Forste und leiden dadurch so stark an Wildschäden, daß der steuerbare Ertrag der Äcker und Wiesen nochmals um 1000 Gulden niedriger anzusetzen ist.

6. Vom 30jährigen und vom letzten französischen Krieg her liegen noch rund 25 Morgen Feld öd und wüst. Dadurch mindert sich der Steuerwert der Markung abermals um 70 Gulden.

7. An steuerbarem, verzinslich angelegtem Capital gibt es im ganzen Flecken nur 1400 Gulden, und zwar beim Müller Erhard Schlencker, seinem Bruder Christian, genannt »Voser«, und bei Herrn Pfarrer Öder.

8. Der steuerbare Ertrag aller Handwerke im Ort beläuft sich lediglich auf 1352 Gulden.

9. Die wenigen Gastwirtschaften gehen so schlecht, daß ihnen höchstens 150 Gulden Jahresertrag versteuert werden kann.

10. Die beiden Mühlen gehen zwar gut, und die größere mit ihren zwei Mahlgängen und einem Gerbgang wird, einschließlich der zugehörigen Felder und der kleinen Beimühle, auf 2085 Gulden geschätzt. Aber sie ist laut Lagerbuch von 1570 steuerfrei. Das

neuerbaute Mühlenwerkchen des Christian Benzing wird nur mit 550 Gulden angeschlagen.
In Summa ergibt das gesamte Steuerquantum der Gemeinde demnach 92 710 Gulden.«
Der Vogt teilte geschwind den Betrag durch die Einwohnerzahl von 922 Köpfen und meinte: »Das macht ja fast genau 100 Gulden auf den Kopf!«
Der Commissar schaute auf und überflog lächelnd die Runde: »Das ist gewiß keine fürstliche Summe. Vermutlich würde die Zahl etwas anders aussehen, wenn wir nur das Gericht eingeschätzt hätten.«
Die 12 Männer schmunzelten vielsagend. Der Vogt aber ging drüber weg und dankte dem Commissar und den Deputierten für ihre gewissenhafte Arbeit. Dann lud er sie alle im Namen der Gemeinde zu einem Umtrunk in den »Rappen«.

Die »Steuer-Revision« vom 16. 9. 1721 und die »Consignation« über die 43 Lehengüter vom Mai 1721 liegen im Schwenninger Archiv. Sie geben genaue und bis ins kleinste gehende Auskunft über die wirtschaftlichen und die besitzrechtlichen Verhältnisse im Dorf. Dabei wird überraschend deutlich, wie sehr Schwenningens Schicksal schon im Mittelalter durch seine Grenzlage und seine ungünstigen Naturgegebenheiten bestimmt wurde. Beide zusammen regten die Bewohner zu ungewöhnlicher Arbeitsamkeit und Sparsamkeit, zu wendiger Anpassung und zu zähem Beharren an.

1741

12 Dorfsünder

Der Kirchenkonvent wacht über der Sittlichkeit

Vogt und Pfarrer lagen im Streit. Pfarrer Habelzhofer nützte jede Predigt, seinen Bauern den Sündenspiegel vorzuhalten. Von der Kanzel wetterte er: »Ich kenne keinen Ort, der so abscheulich gottlos wäre wie dieser Flecken. Euretwegen muß ich mich schämen, wo ich hinkomme. Seit sechs Jahren bin ich nun bei euch, und ich sage euch: Keine sechs Seelen werden von hier in das Himmelreich kommen!« Vogt Bürck aber wehrte sich: »Der soll doch die paar Leute, die sich schuldig gemacht haben, zu sich bestellen und sie priesterlich bestrafen. Selbst wenn sie etwas Greuliches begangen haben, braucht er deswegen doch nicht die ganze Gemeinde zu beschimpfen. Seine sieben Kinder sind auch keine Engel.«

Schließlich klagte der Vogt beim Special. Der kam im Frühjahr zur Visitation und ließ sich die KirchenConventsProtocolle vorlegen. Da kam nun freilich ein langes Sündenregister zum Vorschein, das dem Pfarrer recht zu geben schien. Schon 1710 hatte der damalige Special Hochstätter dem neuen Pfarrer Oeder im Namen des Herzogs anbefehlen müssen, die Gemeinde zu einem andern Lebenswandel zu führen, sintemalen »bey Schwenningen allerhand Laster, mit erschröcklichem Fluchen und Schwören, ohnverantwortlicher Prophanation des Sabbaths, übeler Haußzucht, und der Kinder muthwilliger Übertrettung des 4.ten Gebotts vorgehen, worduch über diesen Orth allerley Ohnheyl und Blutschulden hergezogen werden.«

Zwei Jahre später wurden tatsächlich zwei junge Kerle erwischt, wie sie an der sogenannten ‚Faßnacht' in »perfecten Narrenkleidern, mit hölzernen Säbeln in den Händen, Schemen vor den Gesichtern, und mit Fuchsschwanz ausstaffierten Hauben auf den Köpfen habend, oben zum Fleckhen hereinkommen und ihre Faßnachts- und Narrenpoßen durch denselben hin und her getrieben.« Sie wurden condemnirt, in den Heiligen ein jeder 30, der Herrschaft aber 40 Kreuzer zu bezahlen.

Trotzdem kam es ein paar Jahre später wieder vor, daß vier junge Weibsleute, wovon eine sogar verheiratet war, »in Villingen mit den Faßnachtsnarren auf die Tanzlauben liefen, da sie dann von zwei Narren zum Tanzen aufgezogen wurden, nachmahl aber unter ihnen ein Streit und liederlicher Zankhandel entstanden, worüber sie nicht nur wüßte SpottNamen einand geben und allerseits übel geschworen, sondern auch ihr Maul drunter gebraucht und übel geflucht.« Dafür wurden sie nicht nur um je 15 Kreuzer in den ArmenKasten gestraft, sondern auch mit dem Zuchthäusle bedroht, falls sie von Schaden und Streiten nicht ablassen sollten.

Der Vogt sagte, er könne sich an diese Narretei noch dunkel erinnern, doch sei sie vor seiner Amtszeit geschehen und sei wohl auch kein Grund, über die Gemeinde herzuziehen. Der Special mußte ihm recht geben, fand aber dann einen ungleich ernsteren Fall, der sich in Bürcks erstem Amtsjahr zugetragen.

Da hatte ein Bürger geklagt, daß seine Stieftochter mit seines Nachbarn Knecht gehurt habe und von ihm schwanger gehe, auch daß sie mit Hilfe ihres Bruders den beschlossenen Trog erbrochen und ein Bett und Kleid draus gestohlen habe. – Das Mädchen hatte ausgesagt, Bett und Haiß seien ihr Eigentum und ihr vom Stiefvater vorenthalten worden. Der Knecht habe ihr schon vor Jahren die Ehe versprochen, und beide Elternpaare seien jetzt einverstanden. – Ihr Bruder, der seinen Stiefvater bei der Gurgel gepackt und mit einem Strick geschlagen hatte, wußte anzugeben, der habe ihn aus dem Haus werfen wollen. – Der Sohn hatte damals Abbitte tun müssen und war ins Zuchthäusle gesprochen worden. Die Unzucht des Mädchens und des Knechts war dem Oberamt berichtet worden.

Fast zu gleicher Zeit hatte Pfarrer Oeder protocolliert, wie übel es mit der Kirchenzucht im Flecken bestellt sei. Die Weiber stritten sich um die Sitzplätze in der Kirche und wollten dann erst nicht mitsingen, wenn sie saßen. Die Männer gingen häufig während der Kirche über Land oder kamen im schlechten Haiß in den Gottesdienst, obwohl sie einen Kirchenrock daheim hatten. Die ledigen Bursch auf der Borkirche trieben dort öfters ein solch ungezogenes Wesen, daß der herzogliche Keller sich einmischen und anordnen mußte, daß die Gemeinde einen Kirchendußler bestellte; die Gemeinde war genötigt gewesen, den Feldschütz und den Nachtwächter dafür einzusetzen, weil kein Richter das Amt hatte übernehmen wollen.
Dazu sagte der Vogt als Entschuldigung, die Kirchenbänke hätten in der kleinen Kirche für die Ledigen schon längst nicht mehr ausgereicht, und es habe auf der Borkirche jeden Sonntag ein heilloses Gedränge geherrscht. Das sei doch auf dem Oberamt längst bekannt. Der Herr Special mußte auch das zugeben. Dann hatte aber der KirchenConvent anno 1726 eine ganz böse Sache zu melden. Des Schmieds Weib Agnes trug vor, sie werde von der Rainbäurin der Zauberei bezichtigt, so, als habe sie deren Kuh angegriffen. Diese Verleumdung wurde von mehreren Weibern bezeugt. Die Rainbäurin selbst sagte aus, der alte Kuhhirt habe ihr ein sicheres Mittel genannt, ihre Kuh wieder von ihrer Krankheit zu befreien. Sie müsse selbige mit Menschenkot bestreichen und dann zuwarten, welche Person sich der Kuh zuerst nähern werde. Das sei dann der Mensch, welcher die Kuh besprochen habe, und den müsse sie dann so weit bringen, daß er das Tier wieder von seiner Krankheit löse. Zwar seien darauf zwei Weiber zu gleicher Zeit in den Stall gekommen, doch habe die Schmiedin sich so absonderlich benommen, daß der Verdacht auf sie gefallen sei. – Am Ende hatten alle Weiber sich die Hände geben und sich versöhnen müssen. Der Kuhhirt aber, der vorgab, seine Kunst von einem durchziehenden Strählmacher gelernt zu haben, war mit einem leichten Pfund in den Heiligen bestraft worden.

Nun meldete sich Pfarrer Habelzhofer wieder zu Wort. Das seien jetzt lauter Fälle gewesen, die sich vor seinem Herkommen ereignet hätten. Was aber seitdem im Flecken vorgekommen, gehe weit über alles hier Vorgetragene hinaus. Er wolle nur einen Fall herausgreifen.
Vor vier Jahren sei der Schütz zu ihm gekommen und habe sich beschwert, daß des Pfarrers nächster Nachbar, der Johannes, den Abend zuvor einem Haufen Männer erzählt habe, er, der Schütz, sei seinem Weib in Unehren nachgeloffen, habe ihr an die Brust gegriffen und seinen Kopf in ihren Schoß gelegt. Nun sei er tatsächlich in des Johannes Haus gewesen und habe das Weib dort allein getroffen. Er habe aber nichts Unrechtes mit ihr geredet, sondern seinen Tabac zum Fenster hinaus getrunken, am Ende auch Flöhe ab seinen Strümpfen gelesen. Da werde der Johannes, der durch einen Spalt zugesehen, gemeint haben, er lege ihr den Kopf auf die Knie. Der Johannes müsse ihm seine Ehre wieder geben. – Der jedoch erklärte dem Pfarrer auf Befragen, der Schütz habe in Villingen im Beisein von drei Männern zu seinem Weib gesagt, er habe sie in ein Aug gefaßt. Er sei auch immer dann zu ihr ins Haus gekommen, wann er gemeint hab, sie sei allein. So sei er auch verwichenen Markttag volle drei Stunden allein bei ihr in der Stube gesessen. Er selber habe durch den Türspalt gesehen, wie der Schütz sein Weib um den Hals genommen und ihr in den Busen gegriffen habe; sie aber habe sich gewehrt und gesagt, er solle sie gehen lassen, ihr Mann könnte kommen. Der Schütz habe jedoch weitergemacht und ihr den Kopf in den Schoß gelegt. Dabei müsse er ihn hinter der Tür gesehen haben, denn er habe schnell seine Tabacpfeife gefüllt und sei gegangen. Des sei sein Weib Zeuge.
Bald darauf habe sich eine weitere abscheuliche Sache zugetragen. Es wurde nämlich ruchbar, daß in einem sonst wohl beleumundeten Haus den ganzen Winter hindurch, vornehmlich aber über die Weihnachtsfeiertage, gekartelt und gewürfelt worden, wobei ein junger Knecht in zwei Nächten alles verspielt, was er in vier Wochen beim Dreschen verdient hatte. Sechs

Burschen wurden angezeigt, weil sie nicht nur zusammen 14 Gulden gewonnen, sondern auch falsche Würfel gebraucht und das Knechtlein übel betrogen hatten. Sie mußten zwar damals dem Vogt versprechen, nie wieder zu spielen, waren auch jeder um 15 Kreuzer bestraft worden. Doch neuerlichem Gerede nach hatten sie wieder versucht, in einem anderen Haus zu spielen.
Vogt Bürck wies jedoch erneut darauf hin, daß man solch absonderliche Einzelfälle nicht verallgemeinern und einer ganzen Gemeinde anhenken dürfe, gleich als sei Schwenningen ein einziges Sündenbabel. In anderen Flecken gebe es doch ähnliche Dinge, ohne daß der Ortspfarrer dann alle Bürger in die Hölle verdamme.
Der Special merkte, daß ein klärendes und hilfreiches Wort vonnöten war. Er ermahnte den Vogt und den Pfarrer zu christlicher Nachsicht gegeneinander. Sie sollten fortfahren, im KirchenConvent fleißig über dem rechtschaffenen Wandel der Gemeinde zu wachen. Den Amtsbruder aber mahnte er, mehr durch liebende Vermahnung als durch zornmütige Verdammung die Seelen seiner anvertrauten Pfarrkinder zu leiten und ihnen mit väterlicher Güte zu begegnen, wie er es auch seinen eigenen Kindern gegenüber tue.
Die beiden Streithähne gaben ihm und sich gegenseitig die Hände und versprachen, fortan im Frieden zusammen zu arbeiten.

Der KirchenConvent wurde 1644 in ganz Württemberg eingeführt. Er bestand aus Pfarrer und Ortsvorsteher und einigen Beisitzern, mußte alle Woche einmal zusammentreten und über die Kirchenzucht wachen, – nach 26 Kriegsjahren eine höchst notwendige Aufgabe. Er hatte sich auch um die Armenpflege und um die Schulen zu kümmern. Als die KC 1891 aufgelöst wurden, hatten sie sich längst überlebt. – Die hier aufgeführten Fälle sind weithin wörtlich den Protokollen entnommen, doch wurden die Namen der Betroffenen geändert.

1753

13 Um Jagdgerechtigkeit

Fürstenberger Jäger fängt einen Schwenninger Bürger

Der Oktobersonntag war zu Ende gegangen. Christian Bürck, der 75jährige Vogt, wollte sich in seine Schlafkammer verziehen, denn der Nachtwächter hatte die elfte Stunde ausgerufen. Seitdem der Vogt vor einem halben Jahr sein Weib, seinen Ältesten und seine Schwiegertochter kurz hintereinander verloren hatte, saß er abends gern über alten Briefen und Familienpapieren. Er versuchte, die Vergangenheit seiner Sippe zu erkunden. Trotz seines Amtes blieb ihm die Zeit dazu, denn die Mühle hatte er längst abgegeben. Die führten jetzt sein zweiter Sohn, Erhard, und sein Enkel Erhard gemeinsam.
Des Enkels Vater, sein Ältester, war auch ein Christian gewesen. Der hatte es vor 32 Jahren seinem Trossinger Vogts-Ehni nachgetan und sich sein Weib aus der Maurer-Sippe zu Trossingen geholt. Seine Maria war die Tochter des dortigen Heiligenpflegers Elias Maurer. Der aber war ein direkter Enkel des Pfarrers Elias Maurer aus Hausen ob Verena. Und genau der war auch des Vogts Großvater, denn des Vogts Mutter, die Anna Dorothea Maurer, stammte auch aus dem Hausener Pfarrhaus. Der Vogt selbst hatte als Büblein den Ehni dort manchmal besuchen dürfen. Sein Ältester und dessen Maria waren also Vetter und Base im zweiten Grad gewesen.
Vom Hausener Ehni wußte der Vogt schon lang, daß er aus zwei alten württembergischen Pfarrfamilien stammte. Seine Großväter waren beide Pfarrer in Reutlingen gewesen, – Sebastian Maurer bis, Tobias Kindsvatter ab 1577. Dessen Grabstein in der Reutlinger Marienkirche hatte sich der Vogt einmal angeschaut.

Er wußte sogar, daß dessen Frau Maria aus dem Tübinger Ratsherrengeschlecht der »Kienlin« stammte und daß ihr Vater einer der engen Berater der Herzöge Eberhard und Ludwig gewesen war. Der Vater des Sebastian Maurer aber war noch Mönch in der Prämonstratenser Reichsabtei zu Weißenau gewesen und hatte sich als einer der ersten Geistlichen der Reformation angeschlosen. Der Vogt freute sich, daß er die Ahnenreihe seiner Mutter ebenso weit zurückverfolgen konnte wie die seines Vaters Christian Bürck, dessen Urehni Hans Byrk schon vor der Reformation als Lehensbauer des Klosters Reichenau auf der Trossinger Mühle gesessen hatte. Er fühlte sich seinen Verstorbenen nahe, wenn er so ihrer gemeinsamen Vergangenheit nachhing.

Im Gefühl dieser Verbundenheit hatte er eben das Licht in die Schlafkammer getragen, als es drunten an der Haustür klopfte. Er hörte, wie die Hunde anschlugen und wie der Jungmüller öffnete. Eine Männerstimme verlangte nach dem Vogt. Er schob das Fensterchen beiseite und fragte, was es gebe. Drunten standen zwei Brüder, der Untervogt Christian Bentzing und der Bauer Martin Bentzing vom Angel, des Jungmüllers Schwiegervater. Sie riefen herauf, sie müßten ihn sofort sprechen, es sei Blut geflossen. Der Sohn führte sie herauf in die Stube.

Ohne Umschweife teilte ihm der Untervogt mit, vor einer guten halben Stunde seien zwei Hochemminger Burger zu seinem Bruder Martin gekommen und hätten ein paar Kleidungsstücke für seinen Nachbarn Johannes Weyler verlangt. Sie hatten zuerst bei dessen Eltern nebendran geklopft, aber die schliefen anscheinend zu tief. Auf Martins verwunderte Frage, was denn die nächtliche Bitte bedeute, hatten ihm die Emminger erklärt, der Weyler sei vom Fürstenberger Jäger und dessen Sohn beim Wildern am Neckarursprung erwischt und ernsthaft verwundet worden. Jetzt sei er beim Jäger in Emmingen droben eingesperrt, und sein Haiß sei so verblutet, daß er neues Zeug brauche.

Der Martin hatte dann die alten Weylersleute geweckt. Die waren natürlich bös erschrocken, hatten dann aber schnell alles

Notwendige zusammengepackt und den beiden Boten mitgegeben. Ihn aber hatten sie angefleht, doch sofort den Vogt zu benachrichtigen, damit der nach ihrem Buben schaue. Nun, er sei sogleich losgelaufen und habe unterwegs den Untervogt mitgenommen. Der fragte jetzt den Vogt, was er zu tun gedenke.
Der Alte bat die beiden an den Tisch; er müsse sich das erst überlegen. Dann meinte er: »Jetzt, mitten in der Nacht, hat's keinen Sinn, nach Emmingen raufzugehen; der Jäger wird uns gar nicht reinlassen. Wenn er nach frischen Kleidern geschickt hat, dann ist der Johannes fürs erste versorgt. Aber morgen mit dem ersten gehst du, Christian, als Untervogt rauf und verlangst Rechenschaft, auch Herausgabe des Gefangenen. Nimm seinen Vater mit; der Georg ist Richter und damit Amtsperson. Du, Martin, schickst in der Frühe deinen Buben mit den Brüdern des Johannes zum Neckarursprung; sie sollen dort nach Spuren suchen. Ich selber geh noch zu den alten Weylerleuten und versuche, sie zu beruhigen. Gut Nacht also, bis morgen früh!«
Christian Bürck war früh auf am andern Morgen. Ihn plagte die Sorge, wann der überkommene Streit mit den Fürstenbergern um die Pürschgerechtigkeit wohl endlich ein Ende nehmen würde. Es verging ja fast kein Jahr ohne Händel mit den Forstbeamten drüben. – Da kamen auch schon die drei Weylerbuben mit dem jungen Martin. 40 Schritte herwärts vom Neckarursprung hatten sie eine Stelle entdeckt, die eindeutig auf ein Handgemenge schließen ließ. Sofort machte der Vogt sich auf und ließ sich von den Jungen hingeleiten. Beim genauen Untersuchen fanden sie nicht nur zertrampeltes Gras und geknickte Büsche, sondern auch Blutspuren und eine abgeschnittene, verkrustete Haarsträhne.
Kaum war der Vogt wieder daheim und hatte angefangen, den Tatbestand fürs Oberamt schriftlich niederzulegen, als auch schon der Untervogt mit dem alten Weyler erschien. Sie hatten den Johannes in des Jägers Behausung angetroffen mit verbundenem Kopf und verbundener Hand. Er hatte ihnen gesagt, der Jäger habe ihm den Hirschfänger ziemlich tief in den Kopf

gehauen und dann, bei der Gegenwehr, durch die Hand gezogen. Sie hatten ihm die Verbände abgenommen und tatsächlich zwei böse Wunden gesehen. Der Jäger hatte leugnen wollen und behauptet, er habe nicht zugehauen, sondern nur mit der flachen Klinge geschlagen. Sie hatten jedoch Hut und Kappe zu sehen verlangt und einen starken Hieb darin gefunden.
Sie hatten mit allem Nachdruck und im Namen des Herzogs gefordert, daß der Johannes freigelassen werde. Jedoch der Jäger hatte sich geweigert, obwohl seine eigenen Nachbarn sein rohes Vorgehen mißbilligten. Er hatte darauf bestanden, den Johannes nach Donaueschingen ins Gefängnis zu führen, und sie hatten unverrichteter Dinge wieder abziehen müssen. Jetzt waren sie voller Empörung.
Der Vogt begleitete sie ins Dorf. Er wollte zum Schloßhansenhof. Der alte Johannes Linck dort war zwar fünf Jahre jünger als der Vogt, aber er war im Dorf geboren und aufgewachsen und durch seine große Verwandtschaft alterfahren. Einmal war er mit ein paar vornehmen Jagdherren zusammengekommen; danach wollte der Vogt ihn jetzt fragen.
Der Hannes erinnerte sich: »Vor etlichen 15 Jahren war ich beim Holzmachen an der Reute. Da kam eine Jagdgesellschaft und wollte sich vom Waldrand aus die Gegend beschauen. Ich erkannte den Burgermeister Berger aus Villingen und den Herrn von Laßberg aus Donaueschingen unter ihnen. Sie hatten eine Karte bei sich, konnten aber nicht herausfinden, wo sie augenblicklich standen. Da riefen sie mich hinzu, ich sollte ihnen die eingetragenen Namen in der Landschaft weisen. Solange ich die Karte in Händen hielt, konnte ich klar ablesen, daß die fürstenbergische Forstgerechtigkeit ihren Anfang beim Dürrheimer See nahm, von dort zum Neckarursprung lief, weiter auf den Reutebuckel und von da zum Mühlhauser Kirchturm. Aus dem Gespräch der Damen und Herren hörte ich auch, daß die Villinger darauf bestanden, das Gelände zwischen der Linie »See – Ursprung« und dem Hochgesträß sei Teil des Villinger »Gnadenbezirks«, und sie hätten ihr althergebrachtes Recht,

dort auf das kleine Gewild zu schießen, den Schwenninger Bürgern abgetreten. Der junge Weyler stand also eindeutig im Schwenninger Jagdgebiet.«

Der Vogt dankte dem Hannes und ging noch einmal zum Untervogt, ein paar Einzelheiten zu erfragen. Der konnte ihm überall klare Auskunft geben: »Der Weyler ist 40 Schritt diesseits des Ursprungs vom Jäger betroffen worden; er war also innerhalb des Gnadenbezirks. Er war auch vorher nicht im Fürstenbergischen gewesen. Als die beiden Jäger auf ihn zurannten, hat er sie nicht bedroht; er wußte sich ja im Recht. Erst, als sie ihn packten und abführen wollten, hat er sich zur Wehr gesetzt. Da wurde er von des Jägers Hund ziemlich gebissen und vom Jäger mit dem Hirschfänger in den Kopf gehauen.«

Christian Bürck hatte genug gehört. Daheim setzte er einen ausführlichen Bericht auf. Er betonte, daß nach der Meinung aller alten Leute die freie Pürsch der Schwenninger bis an den Neckarfluß und seinen Zufluß aus dem Moos reiche. Der Fürstenberger Jäger in Hochemmingen jedoch bestehe darauf, er müsse die Schwenninger »Wilderer« bis zum Hochgesträß wegnehmen. Er bat den Oberamtmann inständig darum, bei der herzoglichen Regierung darauf zu drängen, daß der Johannes Weyler unverzüglich freigelassen werde und daß die leidige Streitsache um die Jagdgerechtigkeit endlich aus der Welt geschaffen werde, ehe noch weiteres Blut geflossen sei. Am Abend rief er die Richter in die Amtsstube und las ihnen den Bericht vor. Sie hießen ihn gut und unterschrieben ihn alle.

Der Bericht des Vogts ans Oberamt über diesen Fall mit all den aufgeführten Einzelheiten liegt im Schwenninger Archiv. Er ist eines von mehreren Zeugnissen über den jahrhundertelangen Streit um die hiesige Pürschgerechtsbarkeit zwischen Württemberg und Fürstenberg, in den sich manchmal auch Villingen und Rottweil einmischten.

1765

14 Die ersten Uhrmacher

Johannes Jäkles und Jacob Voßelers Werdegang

Sie spielten oft zusammen, die beiden Buben, obwohl es ihre Eltern nicht so gern sahen. Die Väter wollten sich halt nicht in ihre Werkstätten gucken lassen; der eine war Weber, der andere Küfer. Die Mütter aber fürchteten, daß über ihr Essen geschwätzt würde, denn sie waren beide arm. Sie hatten nur ein paar Vierling Ackerfeld, und immer wieder reichte im Herbst das Heu nicht aus, die einzige Kuh durch den Winter zu bringen. Wenn dann auch noch das Brotkorn aus war, ging's mager her am Tisch. Die Frauen kochten ungeschmälzte Suppen und wünschten, sie hätten, wie etliche Taglöhner, auch heimlich Erdäpfel angebaut im Allmendsfeld statt Kraut und Rüben. Weberei und Küferei warfen eben für beide Familien nicht mehr genug ab, seitdem so viele Kleinbauern einen Zuverdienst im Handwerk suchten. Wohl hielten sie ihre Armut heimlich, aber Futterneid ist kein Nährboden für Freundschaften.
Nun, die beiden Büblein kümmerte das wenig. Sie hielten fest zusammen, obschon das Johannesle etliche Jahre älter war als das Jacöble. Sie trafen sich im Sommer zum Plantschen am Tröpflerbrunnen vor dem Jäklehaus und im Winter zum Käskist-Rutschen an den Muslenhängen. Als dann erst der Johannes, drei Jahre später auch der Jacob, in die Schule kam, hielten sie auch weiterhin zusammen, obwohl der Jäklebub mit den großen Schülern beim gestrengen Schulmeister Römer, der Voßelerbub unter den Kleinen beim stillen Provisor Klaiber saß. Beide Bürschlein waren bei ihren Kameraden beliebt und angesehen, – der Johannes ob seiner quirligen Unternehmungslust, der Jacob

wegen seiner Geradlinigkeit und seiner Körperkraft. Überdies waren beide gute Rechner und fix beim Zupacken.
Aber schließlich kam die Zeit, daß man den Johannes den Sommer durch zum Hüten schickte und Vater Jäkle im Winter seinen Ältesten zum Handlangen in der Werkstatt brauchte. Da hörten die gemeinsamen Spiele auf. Nicht, daß der Küfer sich einen Lehrbuben für sein Handwerk heranziehen wollte. Nein, der Johannes sollte es einmal besser haben. – Da hatte schon vor langer Zeit im Stockwald hinten einer von des Küfers Zunftgenossen namens Simon Henninger angefangen, neben seinen Kübeln und Zübern her auch noch hölzerne Uhren zu fertigen. Der war zwar inzwischen verstorben. Aber ein anderer »Holzwurm«, der Drechsler Joseph Dilger aus der Neukirch, war durch das Uhrenmachen zu Wohlstand und Ansehen gelangt. Und in letzter Zeit wandten sich immer mehr junge Leute dem Uhrenhandwerk zu, sogar Weibsbilder sollten darunter sein. Da konnte das neue Handwerk doch nicht schwer zu erlernen sein. Was lag also näher, als den Johannes schon in der väterlichen Werkstatt darauf vorzubereiten. Der Küfer hatte schon bisher neben seinen Gölten ab und zu auch Schüsseln und Teller gemacht und sich dafür eine Drehbank angeschafft. Als nun der Johannes konfirmiert wurde und die Schule verließ, nahm ihn der Vater doch in die Lehre, – aber eben als Dreher und nicht als Küfer.
Während all dem machte sein früherer Spielkamerad Jacob eine schwere Zeit durch. Eben, als auch er zu den Älteren in der Schule vorrückte, starb sein Vater. Nach einem Jahr heiratete seine Mutter wieder: Christian Stähle war Bauer und Wirt auf dem »Raben«. Jacob versuchte, sich an das Leben auf dem Hof umzugewöhnen. Nacheinander kamen nun noch drei Geschwister zur Welt, und der Bub mußte erleben, wie sich die Liebe seiner Mutter immer mehr den nachgeborenen Kindern zuwandte. Da war er endlich froh, daß ihm der Stiefvater nach der Schulzeit eine Lehrstelle beim Martin Bentzing in der hinteren Mühle besorgte. Sein Lehrherr mochte den anstelligen

Burschen gern. Noch lieber mochte ihn die Müllerin, denn Jacob konnte nicht nur geschickt mit dem Mühlengeschirr umgehen, sondern half auch fleißig im Haushalt mit. Am liebsten aber sah ihn die schwarzzöpfige Anna, die Tochter der Müllersleute. Je mehr sie aufblühte und zu einer frohen Jungfer heranwuchs, desto häufiger sah sich der große Müllersbursch nach ihr um, wenn sie so über den Hof lief.

Dann aber gingen die oberen Müller daran, ihren Betrieb zu erweitern, und die Kundschaft in der kleineren unteren Mühle ging rasch zurück. Martin Bentzing meinte, sein Müllersbursch sei jetzt nur noch ein unnötiger Brotesser, und schickte den Jacob weg, so leid es ihm und der Meisterin war. Der enttäuschte Bursch schaute sich in der Umgebung nach einem anderen Platz um und traf dabei seinen früheren Spielkameraden wieder. Der hatte inzwischen seines Vaters Wunschtraum erfüllen können und war Uhrenmacher geworden. Er berichtete, beim Michel Henninger auf dem Uhrmachers-Hof in der Summerau sei ein halbes Dutzend Gesellen beisammen. Dort könnte der Jacob sicher eine Lehrstelle bekommen.

Da entgegnete ihm der Jacob betrübt, er habe kein Geld, eine Lehre zu bezahlen, und sein Stiefvater werde da nimmer einwilligen. Er sei jetzt bald 17 und müsse um sein Brot arbeiten. – Aber der Johannes wußte Rat. Sein Vater brauchte ja die Drehbank nicht mehr. Wenn nun Jacobs Mutter ihren Buben in ihren Haushalt zurücknahm und ihm eine Kammer für eine Werkstatt freimachte, konnte doch der Jacob versuchen, selbst Uhren zu bauen. Das hatten andere Burschen auf dem Wald auch schon mit Erfolg probiert. Der Jacob mußte nur etwas Geld borgen, um ein paar Uhren zu kaufen. Die konnte er dann Stück um Stück nachbauen, und der Johannes wollte ihm gern dabei helfen.

Zunächst nahm der seinen Freund mit auf den Uhrmacherhof. Dort zeigte er ihm voller Stolz, was er und die andern Gesellen in der letzten Zeit an Uhren gefertigt hatten. Unterwegs schon hatte er ihm berichtet, er verdiene jetzt runde 50 Gulden im

Jahr; der Altgesell komme sogar auf das Doppelte. Der Jacob hatte runde Augen bekommen: soviel Geld, neben freier Kost und Wohnung, – das dünkte ihn eine märchenhafte Summe. Vollends märchenhaft aber wurde die Wanderung zur Summerau, als der Johannes seinem Meister von des Jacobs Not und ihrem abenteuerlichen Plan berichtete. Der Meister nämlich, dem der stattliche Bursch vom ersten Augenblick an gefallen hatte, sagte dem Jacob, er solle sich die Sache nur gleich wieder aus dem Kopf schlagen. Im Uhrmachers-Hof sei gerade ein Platz frei. Wenn der Jacob wolle und sich nicht ungeschickt anstelle, nehme er ihn gern ohne Lehrgeld auf.

Jacob war überglücklich. Fortan waren die beiden Kameraden wieder unzertrennlich. Sie teilten ihre Schlafkammer, teilten ihren Arbeitsplatz und teilten auch ihre Geheimnisse. Der Johannes wußte bald von Jacobs heimlicher Liebe zur jungen Müllertochter. Jacob erfuhr, daß auch Johannes einen Schatz in der Heimat hatte. Als der Johannes 24 geworden war, sagte er seinem Meister Lebewohl und heiratete seine Anna, des Meistermaurers Christian Schlenkers Tochter. Bald konnte Jacob sich darauf freuen, Gödde beim ersten Kind seines Freundes zu werden. Im August sollte die Taufe sein. Aber dann kam es ganz anders. Das Kind kam tot zur Welt, und seine Mutter starb vier Stunden nach der Geburt.

Dem Johannes schien aller Lebensmut vergangen. Er verschenkte sein Uhrmacherwerkzeug an seinen Freund und verdiente fortan seinen Lebensunterhalt als Schindlendecker. Zwar heiratete er zwei Jahre später die Metzgertochter Elisabeth Stenglin, und im Lauf der Jahre bekam er von ihr fünf wohlgeratene Kinder geschenkt, aber er mochte die Uhrmacherei nicht wieder aufnehmen. Er wandte sich auch von seinem dritten Beruf wieder ab und beschloß sein Leben als Wächter im Dorf.

Sein Freund Jacob heiratete mit 23 Jahren die schwarze Anna aus der Mühle. Ihre Eltern schenkten ihr ein schönes Heiratsgut, so daß sie sich hinter der Zehendscheuer ein eigenes Haus bauen konnten. Dort betrieb der Jacob die Uhrenmacherei bis an sein Lebensende. Das Werkzeug seines Freundes hielt er in hohen Ehren und vererbte es seinem Sohn Christian, als der sich entschloß, auch Uhrenmacher zu werden.

Die schriftlichen Aufzeichnungen über die Einführung der Uhrmacherei in Schwenningen sind sehr dürftig. Die Erzählung ist ein Versuch, die wenigen Angaben zum Werdegang der beiden ersten Uhrmacher in einen möglichen Zusammenhang zu bringen. Voßeler wird in den Kirchenbüchern »Müller« und »Uhrenmacher« genannt; Jäkle trägt der Reihe nach die Berufsbezeichnungen »Dreher«, »Uhrenmacher«, »Schindlendecker« und »Wächter«. Ihre Lebensdaten stimmen. Ob sie tatsächlich auf dem »Uhrenmachers-Hof« bei Michel Henninger arbeiteten, ist völlig ungewiß. Immerhin wird sein Name in einer Schwenninger Urkunde in anderem Zusammenhang genannt.

1768

15 Die ersten Erdäpfel

Heimlicher Kartoffelanbau wird bestraft

Amtmann Schuler legte seufzend die Feder beiseite. Es gab keinen Zweifel: In den 23 Jahren, seitdem er Dienst tat, war die Bürgerschaft um mehr als 400 Einwohner gewachsen. Und das Wachstum ging immer schneller. Waren es anfangs noch rund 10 Menschen im Jahr gewesen, so zählte er jetzt im Durchschnitt 20 Personen. 1443 Seelen hatte der Spezial in seinem diesjährigen Visitationsbericht notiert. Und die Zahl stimmte – Gott sei's geklagt! Die Markung dagegen war um keinen Jauchert größer geworden. Wie sollten so viele Leute hier ein Auskommen finden?

Er selber verspürte ja keine Not. Ihm hatte nur das eine Jahr weh getan, als ihm der Herzog plötzlich den jungen Rosenfelder Amtsschreiber vor die Nase gesetzt hatte. Der Hosch mit seinen 24 Jahren hätte leicht sein Sohn sein können. Der hatte des Herzogs Neigung, neue Amtsstellen einzurichten und dann meistbietend zu verkaufen, abgefeimt ausgenützt und war mit einem Schlag »Amtmann von Schwenningen, Biesingen und Oberbaldingen« geworden. Er hatte ihn rücksichtslos aus dem Amt verdrängt, das er erst als Adjunkt seines Schwiegervaters und dann als gewählter Dorfvogt bereits über 15 Jahre innegehabt. Nun, der Hosch hatte ihn gelehrt, wie man das jetzt in Württemberg machte. Als der bereits nach einem Jahr in die rentablere Amtey Uhingen übergewechselt war, hatte er rasch zugegriffen und sich seinerseits den Amtmannstitel für Schwenningen gekauft. Was tat's, daß man ihm die beiden Nachbardörfer nicht auch unterstellte; Amtmann war er nun trotzdem. Und

zu den Reichsten im Flecken gehörte er seit seines Schwiegervaters Tod ohnehin. Nein, ihn drückte seitdem keine persönliche Not mehr.
Aber er spürte, wie die Unzufriedenheit unter den Taglöhnern wuchs. Die meisten waren mit Kindern reich gesegnet und dabei doch so arm, daß sie ihre Familie kaum ernähren konnten. Kaum, daß ihre Kinder den ersten Hosen entwachsen waren, mußten sie beim Hüten mitverdienen oder sich gar vor den Flecken hinaus bei den Bauern in der Nachbarschaft verdingen. Den ganzen Sommer hindurch wurden sie von der Schule abgehalten, so daß manche bei der Konfirmation kaum ihren Namen schreiben, in der Kirche nicht mitsingen konnten. – Wenn es doch nur auch hier eine Florettkämmerei gäbe, wie in der Villinger Fabrikniederlage des Baslers Thurneisen! Dort fanden viele Arme einen wohltätigen Nebenverdienst.
Der Amtmann hörte Schritte. Johannes Roller, der Untervogt, trat in die Amtsstube. Er hatte unterwegs den Tuttlinger Amtsboten getroffen und ihm einen Brief abgenommen. Der Bote hatte ausgerichtet, es handle sich um eine Abschrift eines amtlichen Berichts an den Durchlauchtigsten Herzog. Oberamtmann Feuerbach nehme darin Stellung zu den Schwenninger Versuchen im Anbau von Erdbihren.
Der Amtmann lud seinen Schwiegersohn und Stellvertreter zum Sitzen ein und meinte, er werde ihm den Brief am besten laut vorlesen, dann könnten sie beide gleich sehen, wie die Sache jetzt stehe. Er überflog die Einleitung murmelnd und setzte dann vernehmlich ein: »Aus dem Schwenninger Lagerbuch von 1703 ist ersichtlich, daß an dem großen Zehenden allhier von allen Äckern an Waizen, Rocken, Dinckel, Haber, Gersten, Emmer, Erbis, Linsen und Bohnen der mir gnädigst anvertrauten Tuttlinger Kellerey 5/8.tel, und der herzogl. Klosterverwaltung St. Georgen 3/8.tel zugehören. Den Novalzehnten hingegen betreffend, so gehört alles, was seit 1553 von Allmenden, Viehwayden, Hölzern, Egerten, Steinriegeln oder sonst öden Böden das erstemal ausgereutet und zu Acker gemacht worden,

der große Frucht-, Heu- und kleine Zehend dero Kellerey Tuttlingen durchaus allein zu. – An dem ordinären Heu- und ordinären kleinen Zehenden hat dagegen die Herrschaft Wirtemberg keinen Theil, sondern dieselben gehören an die Pfarr daselbsten.
Euer Herzogl. Durchlaucht habe ich dann gehorsamst zu melden, daß sowohl in hiesigem Stadt und Amt die Erdbihren zum kleinen Zehenden gerechnet werden, als auch in der hiesigen Nachbarschaft, als in dem Kunzenbergischen und Baron Enzbergischen, und ebenfalls in dem Fürstenbergischen. Sie werden dort auch in die Braachfelder gepflanzt.
Sodann soll ich hiemit in Unterthänigkeit berichten, daß in Schwenningen von Anno 1763 an biß auf den verflossenen Jahrgang 1767 alle Jahr gegen 15 Jauchert in dem Braachfeld mit Erdbihren angebaut, das Feld jederzeit mit Thung genugsam gebessert und wegen Ausrottung des Unkrauts und Grases keine Ausmercklung oder Schaden am Fruchtbau verspühret worden.
Ich beharre in devotestem Respect Euer Herzogl. Durchlaucht Unterthänigst Verpflicht-gehorsamster Ober-Amtmann zu Tuttlingen – Feuerbach.«
Die beiden Männer schauten sich überrascht an. Der Brief bedeutete ja nichts anderes als das Ende eines sechsjährigen Kampfes um den Erdäpfelanbau im Flecken. Jahr um Jahr hatte die Gemeinde darum gebeten, versuchsweise drei Jahre hindurch im Braachfeld Erdäpfel stecken zu dürfen. Ein Gesuch um das andere war abgeschlagen, eine Deputation nach der anderen war abgewiesen worden, obwohl ausnahmsweise einmal die Ortsvorsteher und die ärmere Bürgerschaft zusammengestanden hatten. Das eine Mal hatte der Kirchenrat in Stuttgart erklärt, die Erdäpfel zehrten den Boden aus; das andere Mal hatte Pfarrer Gmelin seine Befürchtung ausgedrückt, sein Zehntertrag könnte geschmälert werden; die herzoglichen Räte gar hatten befunden, an andern Orten sei die Nachfolgesaat merklich schwächer ausgefallen und die herrschaftlichen Einkünfte seien empfindlich gemindert worden.

Schließlich hatte der frühere Oberamtmann Waechter bei einem seiner ZehendRitte zu seiner Empörung entdeckt, daß die Schwenninger schon jahrelang heimlich und ohne herzogliche Genehmigung Erdäpfel gesteckt hatten. Jeder Beteiligte war darauf mit einem Gulden Strafe belegt worden.
Dann aber hatte sich erwiesen, daß der Boden durch die zusätzliche Düngung und das sorgfältige Obhacken besser statt schlechter geworden war und daß die Nachfolgesaat sogar mehr Frucht brachte. Der Pfarrer aber hatte seine Meinung gründlich geändert, als ihm zum erstenmal der Erdäpfelzehnte zugesprochen worden war. Von jedem Jauchert bekam er acht Stöcke; das machte für ihn 120 Stöcke aus. Und da der Heiligenpfleger den Stock mit 15 Kreuzern ansetzte, wurden ihm für vier verflossene Jahre 120 Gulden nachgereicht. Es machte ihm offensichtlich gar nichts aus, daß der Zins eigentlich von verbotenen Früchten herrührte.
Der Amtmann und sein Schwiegersohn erinnerten sich gegenseitig daran, wie vor vielen Jahren die Hütebuben das erstemal ein paar Erdäpfel von den Emminger Buben mit heimgebracht hatten. Am Herbstfeuer hatten sie die harten Knollen am Setzbühl droben in die heiße Asche gelegt und mitsamt der rußigen Schale gegessen. Die Eltern hatten zuerst Angst gehabt, die Dinger könnten giftig sein; doch die vergnügten Gesichter ihrer Buben und eine eigene Kostprobe hatten sie überzeugt, daß die Knollen genießbar waren, vor allem, wenn man sie nochmals aufwärmte. Einige Taglöhner hatten sich dann im Nachbardorf ein paar von den »Erdäpfeln« erbettelt und im Hausgarten angepflanzt. Dort, wo viel Sonne hinkam, waren sie am besten gediehen. Wer allerdings gemeint hatte, mit viel Mist könnten sie auch im Schatten gedeihen, war arg enttäuscht worden. Da war zwar das Kraut üppig geschossen, aber in der Erde hatten sie nur winzige Knollen gefunden.
Inzwischen nun hatten die Leute vielfältige Erfahrungen gemacht. Ein Händler aus dem Nordschwarzwald hatte erzählt, bei den eingewanderten Waldensern in Perouse und Pinache

steckten nicht nur die Taglöhner, sondern auch die reichen Bauern solche Erdäpfel, und das schon seit 60 Jahren. Später hatte der Amtmann vom Hornberger Amtsschreiber erfahren, daß auch im Kinzigtal, in den fürstenbergischen Ortschaften, die Erdäpfel schon lang eingeführt seien. Bloß hatte er gemeint, was im warmen Talgrund gedeihe, werde auf der rauhen Baar gewiß nicht davonkommen. Bis ihn die Emminger eines Besseren belehrt hatten.

Nun, Gott sei Dank! Jetzt schien auch der lange Streit mit des Herzogs Räten ausgestanden. Wenn jetzt der Herzog vollends seine gnädige Erlaubnis gab, dann konnte der Hunger der armen Leute im Flecken endlich gestillt werden. Der Amtmann rief den Dorfschützen herbei und hieß ihn, die Richter zur guten Botschaft einzuladen.

Der Kartoffelstreit ist in den Akten vielfältig belegt. Der zitierte Brief ist eine wörtliche, gekürzte Wiedergabe. Die Hinweise auf die Bevölkerungszunahme zu Beginn und auf die Einführung der Kartoffel in anderen südwestdeutschen Gegenden zu Ende der Erzählung entsprechen den Angaben der Fachliteratur. Der Ämterkauf des Amtmanns Schuler ist aktenkundig und wurde ihm später zum Vorwurf gemacht. Herzog Karl Eugen, damals in heftigem Streit mit seinen Landständen, setzte 1762 überall im Land ergebene und willfährige Unteramtmänner ein. Sie führten meist eine Gruppe von vorher selbständigen Dorfgemeinden und sollten in den Amtsversammlungen den Einfluß des Herzogs verstärken. Vor allem sollten sie die Wahlen zum Landtag in des Herzogs Sinn beeinflussen; die Amtsversammlungen der Oberämter wählten nämlich die Landtagsabgeordneten.

1772

16 Feuer und Feindschaft

Der Spezial besucht die geplagte Gemeinde

Der Spezial war erschüttert. Ganze Häuserreihen lagen verstürzt und verbrannt. Der Geruch von versengtem Vieh hing über den geschwärzten Ruinen. Überall waren die Leute dabei, Trümmer beiseite zu räumen und nach brauchbarem Hausrat zu suchen. Mehr als 50 Gebäude lagen zerstört.
»Gott sei Dank, die Kirche und Euer Pfarrhaus blieben verschont«, wollte er seinen Begleiter trösten. Doch aus Pfarrer Zeller brach verzweifelte Sorge: »Wohl, aber 50 Familien sind obdachlos, haben ihre Ernte verloren. Und das im dritten Hungerjahr! Wo sollen die Leute jetzt Korn herbekommen; der Brotlaib kostet bereits einen Gulden. Gott erbarm sich der Armen!« Der Gast aus Tuttlingen wußte, wie viele arme Familien der Flecken zählte. Deshalb war er auch ohne Verzug aufgebrochen, als man ihm die harte Feuersbrunst zu Schwenningen gemeldet hatte.
Zuerst hatte er Amtmann Schuler aufgesucht und ihm ausgerichtet, der Oberamtmann werde persönlichen Augenschein nehmen, sobald er wieder genesen sei. Einstweilen werde er nicht versäumen, den Brandfall der staatlichen Versicherungsanstalt anzuzeigen. Zwar seien die ersten Beiträge noch gar nicht eingezogen, doch zweifle er nicht an einer namhaften Unterstützung von seiten der Regierung. Der Spezial selbst hatte dem Amtmann versprochen, er werde am kommenden Sonntag in allen Amtsorten durch die Pfarrer zu einer besonderen Kollekte für die Brandgeschädigten auffordern lassen. Der Amtmann hatte sich dann entschuldigt, er müsse seinen Nachbarn beim

Aufräumen helfen. So war der Spezial mit dem Pfarrer zu einem Gang durch den Flecken aufgebrochen.
Es sah schlimm aus, schlimmer, als er es sich vorgestellt hatte. Wohl ein Fünfteil des Orts war zerstört. Wie durch ein Wunder hatte das Feuer dicht vor der Kirche haltgemacht; die Gemeindescheuer neben ihr war ausgebrannt, alle Bäume ringsum starrten verkohlt. Der Pfarrer schlug vor, den Kirchturm zu besteigen; von oben aus konnten sie das ganze Dorf überblicken. Als er die Turmtür aufgeschlossen und schon den Fuß auf die erste Stufe gestellt hatte, hielt ihn der Spezial zurück mit der Frage: »Was ist denn nun aus dem Streit zwischen Euerm Amtmann und den aufsässigen Taglöhnern geworden? Jetzt werden sie doch wieder zusammenstehen müssen zum Wiederaufbau.«
Des Pfarrers Gesicht wurde noch um einen Schatten ernster. »Das ist eine bitterböse Sache. Die Leute wollen und können nicht vergessen, daß der reiche Schuler, kaum daß er Vogt und Amtmann geworden war, etliche Allmandfelder für sich beanspruchte und in einen Vogtacker umwandeln ließ. Er behauptet zwar, er habe in alten Urkunden gefunden, daß diese Felder vor undenklichen Zeiten dem Dorfvogt zur Nutzung übergeben worden seien. Die Leute jedoch wissen nur, daß er ihnen die Felder weggenommen hat, die sie zum Leben so notwendig brauchen. Die jungen Männer, wenn sie volljährig geworden sind, müssen oft jahrelang warten, bis sie in den Genuß ihrer Bürgerrechte kommen.«
Der Spezial fragte dazwischen: »War es nicht einer von diesen Jungen, der den Streit anfing? Ich hab‘s nur vom Hörensagen, war ja damals noch nicht im Amt.« Pfarrer Zeller bejahte die Frage: »Der junge Christian Schlenker war's, der am Palmsonntag vor vier Jahren nach der Predigt da draußen auf dem Kirchhof den Amtmann Schuler stellte und mit überlauter Stimme, so daß alle es hören konnte, von ihm einen Allmandacker verlangte. Er sei nun volljährig und habe wohl das gleiche Recht wie der Herr Amtmann. Als dieser dem Mann die freche Rede verwies, wandte der sich an die Umstehenden und zieh den

Amtmann öffentlich des Betrugs. Seine Kameraden, die sich um ihn versammelt hatten, brachen in Schmährufe auf das ganze Dorfgericht aus. Sie warfen den Richtern vor, daß sie den armen Leuten nicht einmal erlaubten, ihre Schafe auf die allgemeine Weide zu treiben, während die großen Bauern ihre Stiere die Adelwiesen der Armen abfressen ließen.
Als nun einige der Richter auf die Burschen eindrangen, kam es zu einer wilden Schlägerei. Bis ich aus der Sakristei herausrannte, rauften sich schon mehrere Männer auf dem Boden; ich sah zerrissene Röcke und blutige Stirnen. Es dauerte lange, bis ich, unterstützt von einigen beherzten Weibern, die Kämpfenden auseinanderbrachte.« – Der Spezial erinnerte sich: »Man sprach im ganzen Oberamt von der Schwenninger Schlacht und von dem herzoglichen Commissarius, der dann am Charfreitag hierher geschickt wurde. Der hat mir später das traurige Ende erzählt. Er ist ja inzwischen unser Oberamtmann in Tuttlingen geworden, der Herr Heller. Er hat wohl dafür gesorgt, daß der Schlenker und einige andere empfindlich gestraft wurden.«
»Ja«, erwiderte der Pfarrer, »und genau das läßt die Gemeinde nicht zur Ruhe kommen. Die Leute sind empört, daß der Amtmann seinen Acker behalten darf, daß die Ungleichheit im Flecken andauert, und daß der einzige, der es wagte, laut die Wahrheit zu sagen und sein Recht zu fordern, nun dafür büßen muß. Ich wage kaum zu hoffen, daß die Not der abgebrannten Familien die versteinten Herzen erweicht, daß die Leute darüber das Verzeihen und das Helfen wieder lernen.«
Sie stiegen zum Glockenstuhl hinauf. Ehe sie durch die Schallöcher hinunterschauten, wies der Pfarrer auf die Betglocke. »Die haben wir erst seit ein paar Monaten wieder hier. Genau an jenem Palmsonntag, von dem wir eben sprachen, zersprang sie abends beim Betzeitläuten. Ob das ein Fingerzeichen für unsere Gemeinde sein sollte!? Ich weiß es nicht. Sie war jedenfalls noch gar nicht so alt gewesen, knapp 60 Jahre. Ihre Vorgängerin hatten die Franzosen im Spanischen Erbfolgekrieg anno 1704 mitgenommen. Nun, die jetzt Zersprungene haben

wir nach Konstanz geführt; dort wurde sie eingeschmolzen und umgegossen. Ich bin recht froh, daß sie jetzt wieder zum Beten ruft. Ach, könnte man doch auch die Menschen hier umschmelzen und erneuern!«
Während sie die Verwüstung von oben her überblickten und bemerkten, daß außer den Häusern auch mindestens ein Drittel aller Obstbäume verbrannt war, hörten sie Schritte auf der Turmtreppe. Martin Fuß, der alte Schulprovisor, stieg mühsam und schwer atmend herauf. Er wollte die Turmuhr aufziehen. Er grüßte die beiden Herren mit großer Ehrerbietung, obwohl sie beide viel jünger waren als er. Der Spezial fragte ihn, wie lang er dieses Amt schon versehe und was es ihm einbringe. Er mußte geschwind nachrechnen: »Das Jahr, ehe der alte Schulmeister starb, kam ich her; das sind jetzt 21 Jahre. So lange steig ich also hier herauf. 1 Gulden 40 Kreuzer krieg ich dafür im Jahr; das tut gut bei 11½ Gulden und 2 Scheffel Frucht als Jahrlohn. Freilich, seitdem ich über die Siebzig bin, will's nimmer so recht gehen mit dem Treppensteigen.«
Auch er blickte mit hinunter auf das große Brandfeld. Als ihm aber der Spezial sagte, er habe ja Glück gehabt, daß das Schulhaus verschont geblieben sei, knurrte er mißmutig: »Der alte Kasten wäre wohl mitverbrannt; ist schon lang defekt und viel zu eng für die vielen Kinder.« Wie viele es denn seien? »Im Sommer geht's; da kommen die Großen in der Frühe um fünf und machen um sieben Platz für die Kleinen. Aber im Winter, wenn alle 280 zumal sitzen und schreiben sollen, da müssen wir mit der dritten Klasse auf die Bühne ausweichen, und da pfeift der Wind durch alle Ritzen. Der Winterprovisor muß dann immer im Überrock Schul halten und die Kappe aufsetzen. Ein neuer Bau ist schon längst beschlossen. Aber jetzt wird's wohl noch eine Weile anstehen, bis wieder das Geld dafür beisammen ist. Erst muß mal die Gemeindsscheuer wieder aufgebaut werden.«
Die Herren verabschiedeten sich und stiegen hinunter. Ihr Gespräch wandte sich den Weltläuften und der Landespolitik zu.

Der Spezial erzählte, er sei mal wieder in Stuttgart gewesen und habe gestaunt, welche Baulust ihr Herzog Carl Eugen entwickle. Fünf Schlösser seien derzeit im Bau, außer der Ludwigsburger Residenz, welche immer noch erweitert werde. Die neue Residenz in Stuttgart sei so gut wie fertig. Doch dazu kämen das Seeschlößchen »Monrepos« bei Ludwigsburg, das Lustschloß »Solitude« in den Wäldern gegen Leonberg, das Schloß auf dem Landgut Hohenheim, das Jagdschloß Grafeneck. Er habe auch im Schloßpark ein Feuerwerk miterlebt, von dem ein Stuttgarter Amtsbruder behauptete, es habe die halbe Landessteuer des Jahres gekostet. Der Pfarrer seufzte: »Da wird für unsern Flecken nicht mehr viel übrigbleiben. Unsere Hoffnung richtet sich um so mehr auf Euch und die christliche Mithilfe unserer Nachbarorte. Gott vergelt's ihnen im voraus!« Er führte den Gast hinunter zum Pfarrhof.

Die Mitte des 18. Jh. ist in den Akten nur bruchstückhaft belegt. Sicher sind aber folgende Geschehnisse: Der Aufruhr von 1768 gegen die Willkür des Amtmanns Schuler, landesweit bekannt geworden als »die Schwenninger Schlacht« und erstes Anzeichen der späteren Revolte der hiesigen Tagelöhner; der Neuguß der am Palmsonntag zersprungenen Glocke; das Ausmaß und etliche Einzelheiten des großen Brandes. Tatsächlich wurde die Gemeinde damals im Vorgriff aus der neugegründeten staatlichen Brandversicherung teilweise entschädigt.

1781

17 Die Taglöhner wehren sich

Kampf gegen die Vormacht der reichen Bauern

Aus der Gaststube drangen erregte Stimmen, und als Jacob Palmtag eintrat, schwoll der Lärm zum Geschrei: »Dr Jacob kuu't, däar mua singa!« Die zehn Männer rückten näher zusammen und machten dem Ankömmling Platz. Auf seine Frage, was denn schon wieder los sei, hielt ihm Conrad Rapp ein Papier entgegen: »Do guck, dr Oberamtma' hät is vrklauset!« Der Jacob wehrte ab: »Zerscht bruuch i jetz ebbis z'tri'kit. Johannes, a Biar!« Aber die andern wollten nicht warten. Christian Müller rief aus seiner Ecke: »Äan Briaf ischt vu Schtuegert a 's Oberamt, und dr Mayer hät in vum Amtma' z'lesit ibrkuu'. Äar soll dr 'n voarlesa.«
Johannes Mayer ließ sich das Schreiben reichen, gab nochmals Absender und Anschrift bekannt und las dann betont: »Auf den Bericht über das Nachlaßgesuch Johannes Mayers et Consorten wissen wir die den Supplicanten angesetzte Straffen, wozu sie selbst durch ihr unbottmäßiges Betragen Anlaß gegeben, nicht nachzulaßen, sondern wollen Dir vielmehr aufgegeben haben, solche von ihnen einzuziehen und behörig zu verrechnen.« Mayer fügte trocken hinzu: »Gell, do vrgoot oam dr Wazz.« Die andern empörten sich über die amtskalte Ablehnung.
Doch der Jacob verwies sie auf sein eigenes Schicksal: »Vu eib zält en jeda sii'ne drei Gulda und sii' weng Ehmd, no ischt dr Kittel gflickt. Sell ischt jo gwiß Gott hert gnuag. Aber wia ischt es miar ganga?« und er legte ihnen nochmals dar, wie auch er sich zunächst nur dagegen gewehrt hatte, daß ihm das Vieh der reichen Bauern seine zwei Viertel Wiesen abgefrezt hatte; wie er

den Amtmann Schuler gebeten hatte, ihm dafür ein anderes Wiesenstück zum Öhmden anzuweisen; wie der ihn statt dessen einen Schelm und Spitzbuben geheißen; wie ihm dann sein Nachbar erlaubt hatte, ein Stücklein von seiner Wiese abzumähen. Als er aber statt des amtlich erlaubten Drittels die Hälfte gemäht hatte, war er, genau wie die Umsitzenden, mit 3 Gulden 15 Kreuzer bestraft worden. Da hatte er denn in seiner Wut das Gedicht gemacht und hatte es im Flecken und in Deißlingen in der Wirtschaft vorgesungen. Und dafür war er acht Tage in den Turm gesperrt worden bei Wasser und Brot.
Wieder verlangten die andern, er solle es vorsingen. Doch der Wirt mischte sich ein: »Du hältscht 's Muul. Wäget eib hät mr dr Schueler zwoo kleine Frevel uffghai'kt«. Der Mayer berichtigte: »Net weget em Singa; blooß, wiil miar i dr Naa't uma zwoa no ghuckt sind. Miar singat dußmaa'. Los, Jacob, fong aa'!«
Und so sang Jacob Palmtag mit verhaltener Stimme wieder das Lied, um deswillen er so hart bestraft worden war, und beim »oh weh« und »ist gut« sangen sie ingrimmig mit:
»Wann ich komm vor meine Herren, sprechen sie: thu dich wegscheren – oh weh!
Wann ich will nuzen mein eigen Gut, so sprechen sie: es ist nicht gut – oh weh! Die Spitelgaß ist wohlbekannt, man ist mir nach-g'sprungen, es ist ein Schand.
Da hab ich gemäht mit heißen Thränen, und hab geglaubt, es könnt nicht fehlen, daß ich krieg Futter für die Küh ins Hauß, da springen drei Männer daher – oh Graus!
Da hab ich g'meint, sie wollen mich fressen, haben das Schnaufen schier vergessen.
Sie haben's getan den Reichen zur Ehr, und bleibt ihnen selbst der Beutel doch leer.
Wann ein Armer redt nur ein Wort, heißt es gleich, pack dich nur fort – oh weh! Der Reiche denkt in seinem Herzen, er könnt wohl mit dem Armen scherzen – oh weh!
Aber du Reicher mit deinem Gut, schau nur, wie's in der Höllen thut – oh weh!

Der Arme starb mit frischem Muth, und hat es in dem Himmel gut – ist gut!
Der Reiche muß ewig brennen und braten, wegen seiner Missethaten – ist gut!
Der Arme ist kommen in Abrahams Schoß, und ist worden von Sünden loß – ist gut!
Wann ich aber denk an meine große Armuth, so ist mir besser als dem Reichen mit seinem Guth – ist gut!«
Kräftige Flüche auf den Ober- und den Unter-Amtmann begleiteten die Strophen und lachende Schadenfreude den Schluß. Johannes Mayer aber spornte sie an zu neuen Taten: »So, jetzt erscht räat!« Er sagte, er sei entschlossen, ein drittes Mal aufs Ministerium nach Stuttgart zu gehen, und koste es seine Freiheit. Nur, diesmal müsse eine Abordnung aus der Burgerschaft ihn begleiten. Zu zehnt müßten sie sein, dann könne kein Schreiber und kein Amtmann sie abweisen. Der Jacob erklärte sich auf der Stelle bereit, mit ihm zu gehen. Die andern wollten sich's erst überlegen. Auf alle Fälle wollten sie Geld geben für die Reise. Es seien ja genug kuraschierte junge Mannen da, die sich noch nicht um Weib und Kind sorgen mußten.
Der Schlenker-Hannes schlug vor, sie sollten vorher wieder Unterschriften sammeln, – aber nicht bloß hundert, wie das letzte Mal. Alle 200 Taglöhner, alle kleinen Handwerker und kleinen Bauern, auch alle Witwen müßten unterschreiben. Dann kämen mehr als 400 Namen zusammen, weit mehr als die halbe Burgerschaft. Der Johannes war einverstanden; er selbst werde von Haus zu Haus laufen und mit den Leuten reden. Dann aber werde er zum Advokaten in die Stadt gehen und sich von dem eine neue Petition aufsetzen lassen, damit sie Hand und Fuß bekomme. Wenn alle zusammenlegten, könnten sie einen guten Anwalt wohl bezahlen.
Die Männer schlugen ihm vor, er solle ihnen seine erste Bittschrift nochmals vorlesen, dann könnten sie zusammen beraten, was der Advokat noch beifügen müsse. Der Johannes schränkte ein: Die ganze Supplik sei wohl zu lang zum Vorlesen;

er wolle nur die wichtigsten Sätze herausgreifen. – Sie ließen sich ihre Kannen nochmals füllen. Er holte den Entwurf aus der Rocktasche und fing an:

»Durchlauchtigster Hertzog, Gnädigster Hertzog und Herr! – Wier underdenigste Sublicanten, maistenthails sehr arme Burger, bitten Euer Hertzogl. Durchlaucht gnädigst zu willfahren. – Erstlich haben wier eine Vihordnung, die ist uns arme Burger unser größtes Verderben. Es muß ein jeder Burger auf ein Stück Vih 4 Morgen Feld haben. Hat's aber der arme Burger nicht, so muß er die Außschlag den Reichen abkaufen. Darnach haben die das Geld und treiben doch noch ville mahl biß 22 Stück Vih auf die Waid ... Bitte Euer Hertzogl. Durchlaucht, uns das unbilliche Waidgeld abzuschaffen ...

2.) haben wier wenigstens 1500 Morgen Allmand, und darunter wohl die Helfte schlechte Waid, ja Ödfeld. Es haben die Bauren eine Stierherd dort lauffen, die dem armen Burger nur zum Schaden dienen. Sie pflügen doch nicht damit, weil sie dazu Rosse haben. Sie könnten die Stierle unter das andere Schmalvih treiben ... Wier biten Euer Hertzogl. Durchlaucht, diese unnöthige Stierheerd abzuschaffen und uns die Helfte von denen 1500 Morgen aufzubrechen gnädigst zu willfahren. Wier wolten Klee und Esper pflantzen, weil die Wißen bei uns so rar sind, daß wier arme Burger järlich wenigstens 1500 Gulden für Futter in fremde Herrschaft zahlen, und für Schmaltz auch so vill ... Wier Arme könten doch unser Stücklein Broth reichlich und das benöthigte Futter vor unßer Vih darauf suchen ...

3.) haben wier kein SteurBuch. Wier Arme müßen den Reichen helfen, ihre Heuser und Güter versteuren. Ein Haus, das 300 fl werth ist, liegt so hoch in Steur als eins, das 3000 fl werth ist. Und ein Morgen Acker oder Wißen, der 100 fl werth ist, liegt so hoch in der Steur als ein Acker um 600 fl ... Es wäre schon lang ein SteurBuch aufgericht, wann es den Reichen Nutzen brächte ...

4.) leiden wier underdenigste Sublicanten auch großen Schaden von wegen unßern Wißen, weil der Arme mehrenthails schlechte Wißen hat und darvon nur das Heu-Graß benuzen, von dem

Ehmdgraß hingegen nur den 4.ten theil dürr machen kann, da der Bauren ihre Roß und Stier solches abfrezen. Wollen aber die Wißen Besizer das Ehmdgraß erhalten, so müßen sie es den Bauren abkaufen, wozu sie doch kein Recht azufweißen können . . . Biten wier unßer Hertzogl. Durchlaucht, unsere Wißen gantz ehmden laßen gnädigst zu willfahren.
Wier underdenigste Sublicanten Johs. Mayer, Johs. Schlenker, Paulus Schlenker, Jac. Sulan, Casp. Schlenker, Johs. Palmtag, Jac. Palmtag, Andr. Schlenker Maurer.«
Die Zuhörer lobten den Verfasser. Besser hätte es auch ein Advokat nicht machen können. Doch Johannes Mayer gab zu bedenken, daß ein Anwalt die Landes- und Commun-Ordnungen besser wisse und den Hertzog darauf hinweisen könne, wie seltsam hier im Flecken im Unterschied zu andern Gemeinden manches gehandhabt werde. Ob sie meinten, daß noch etwas Wichtiges zugefügt werden müßte. Als sie alle lebhaft verneinten, schloß er: »No machet mr haalt i 's Herrgotts Nama wiiter, biß mr zu ii'serm Räat kummet. Guet Naa't!«, und stand auf, nach Hause zu gehen.
Die Männer ahnten nicht, was ihrem Dorf noch bevorstand, und wie lange sie noch warten mußten, bis sie zu ihrem Recht kamen.

Im Staatsarchiv Stuttgart liegt ein Aktenbündel von rund 600 Seiten, aus denen der jahrelange Kampf der ärmeren Bürger Schwenningens gegen die Vorrechte der begüterten Bauernfamilien abzulesen ist. Schon die in einer früheren Miniatur erwähnte blutige Schlägerei von 1768 gehörte in diesen Zusammenhang. Die Akten reichen bis 1793, aber erst nach der Revolution von 1848 wurde die Vormacht der reichen Bauern in Schwenningen gebrochen.

1784

18 Aufruhr im Dorf

Die Bürger verhindern die Verhaftung ihres Sprechers

So hatten die Schwenninger den Jahresschluß noch nie gefeiert. Am Abend zuvor fuhr eine Kutsche von Tuttlingen her in den Flecken hinein. Drin saßen der Oberamtmann Dr. Spittler, der Stadt- und Amtsschreiber Breunlin und ein Feldwaibel mit einem Soldaten des Regiments von Hügel. Die beiden Letzteren gehörten zu dem besonderen Kommando, welches das Regiment seit einiger Zeit zu Tuningen stationiert hatte. Auch in Trossingen lag ein solches Kommando. Wie man munkelte, sollten die Soldaten im unruhig gewordenen Amt Tuttlingen für Ruhe sorgen. Eine Bedrohung der Gegend von auswärts war jedenfalls nirgends zu sehen und zu hören.
Die Bürger, welche die Kutsche einfahren sahen, wußten sofort, um was es ging. Am Vortag waren der Johannes Wirtner und der Jacob Sulan als Anstifter langjähriger Unruhen aufs Oberamt zitiert und von dort sofort auf den Hohentwiel abgeführt worden. Dabei hatte der Wirtner zwei Jahre zuvor, zusammen mit dem Johannes Mayer, schon einmal im Zuchthaus gesessen, damals allerdings in Tübingen. Der Mayer, Anführer bei allen Unruhen und Wortführer bei allen Beschwerden, der im Auftrag der aufrührerischen Taglöhner schon 20mal bei der herzoglichen Kanzlei in Stuttgart vorstellig geworden war, hatte rechtzeitig Wind von der drohenden Verhaftung bekommen und war entwichen. In Tuttlingen hatte er ausrichten lassen, er habe einen bösen Fuß und kein Zehrgeld zum Verreisen. Jetzt schickte der Oberamtmann den Amtsboten und den Wächter ins Beckenhaus im Außendorf. Dort teilte sein Weib, umringt von ihren sechs

Kindern, dem Boten mit, ihr Mann sei schon in der Frühe Villingen zu geritten.
Das erfüllte den Amtmann Schuler mit grimmiger Wut. Seitdem der Mayer von seiner zweimonatigen Festungshaft aus Tübingen zurückgekehrt war, hatte er dem Amt immerfort nur seine freche Verachtung gezeigt. Obschon er bei seiner Entlassung schriftlich versprochen hatte, »in puncto Schwenninger Steuer- und Allmandssachen sich ruhig zu verhalten«, hatte er bereits ein Vierteljahr später wieder Unterschriften gesammelt und den Advokaten Riemer zu Tübingen beauftragt, ein neues Memorial an die herzogliche Durchlaucht aufzusetzen. Er hatte auch wieder Geld unter mindestens 200 ärmeren Familien für seine nächste Stuttgarter Reise sammeln lassen. Und dann hatte er die bodenlose Unverschämtheit besessen, eine halb taube, halb wieslose Witwe, die nicht einmal ihren Namen selbst schreiben konnte, als Beauftragte der 200 auf der Liste anzugeben. Und dieselbe Eingabe, die übrigens von dem Advokaten recht geschickt formuliert war, hatte er vor Weihnachten, mit 64 Unterschriften versehen, abermals nach Stuttgart gebracht.
Der Oberamtmann war gezwungen gewesen, im Frühjahr darauf beim amtlichen Ruggericht alle 200 Bittsteller einzeln zu verhören, ihre Unterschriften zu überprüfen und sie über den Grund ihrer Unzufriedenheit zu befragen. Bis in die Nacht hinein hatte das damals gedauert. Und der Mayer, dieser Zuchthäusler, hatte es fertiggebracht, die Leute noch während des Verhörs aufzuhetzen. So hatte der alte Johannes Schlenker von seinem Krankenbett aus dem Dr. Spittler einen Boten geschickt, er möge das 12. Kapitel im 1. Buch der Könige beherzigen. Als sie noch in der Nacht im Amtshaus die Bibel zusammen aufgeschlagen hatten, waren sie auf die Geschichte des Königs Rehabeam gestoßen, der einst sein Volk Israel so hart bedrückt, daß es sich von ihm abgewandt hatte, und als sein Rentmeister zu ihnen gekommen war, hatten sie ihn mit Steinen zu Tod geworfen.
Schon eine Woche nach diesem Verhör, kaum daß der amtliche Bericht davon in der herzoglichen Kanzlei eingetroffen war,

hatten des Mayers Anhänger eine neue Petition verfaßt und darin die alten Forderungen wiederholt. Die waren ihnen doch seit dem Frühjahr 1781 wieder und wieder abgeschlagen worden. Einzig neu an der Petition war gewesen, daß diesmal der Jacob Palmtag und der Jacob Sulan unterschrieben und ihn, den Amtmann, der Ungerechtigkeit, der Gehässigkeit und der Selbstbereicherung im Amt bezichtigt hatten. Sie hatten es auch gewagt, den Ortspfarrer mit hereinzuziehen, weil der bei der letzten Allmandaufteilung am meisten, nämlich neun Morgen, bekommen hatte, während angeblich alle 200 Taglöhner leer ausgegangen seien. Natürlich war auch hinter dieser Bittschrift, in welcher die Rebellen »gleiches Recht für alle« gefordert hatten, nur wieder der Johannes Mayer gesteckt.

Wieder ein Vierteljahr später waren die Hanf- und Flachsländer des Amtmanns bei Nacht abgemäht worden, wodurch ihm ein Schaden von über 30 Gulden entstanden war, und dem Richter Speck hatten sie in derselben Nacht die Scheiben eingeschmissen. Obwohl darauf das Oberamt eine Prämie von fünf Gulden für die Ergreifung der Täter ausgesetzt hatte, war nichts herausgekommen – und wußte doch jeder, daß beide Untaten auf das Konto der Aufwiegler gingen.

Im August hatte dann Mayers ganzer Anhang die Publikation eines herzoglichen Erlasses vor dem Rathaus dazu benützt, vom Gericht in aufsässigen Worten zu fordern, daß alles Gras geöhmdet werden solle. Im Gericht war aber zuvor beschlossen worden, nur den vierten Teil zu öhmden und den Rest wie gewöhnlich abfrezen zu lassen. Vier Richter waren allerdings dagegen gewesen, und einer von ihnen, der Michel Schrenk, hatte das ausgeplaudert. Da war es dann vor dem Rathaus zu einem wüsten Auftritt gekommen, und der Mayer hatte sich erkühnt, mit 20 Consorten aufs Oberamt zu gehen und sich dort über das Schwenninger Gericht zu beschweren. Der Mayer war aber so schlau gewesen, nicht selbst als Sprecher aufzutreten, sondern hatte den Johannes Schlenker vorgeschickt.

Nun war aber der Oberamtmann endlich mit strengen Befehlen

gekommen. Die drei Hauptanstifter mußten für unbestimmte Zeit auf den Hohentwiel. Jerg Schlenker, Christian Schlenker und Christian Haller sollten acht Tage in den Turm, weil sie sich als Deputierte der Bittsteller ausgegeben hatten. Und alle, welche unterschrieben hatten, wurden mit einer kleinen Frevel belegt.

Doch des Oberamtmanns bängliches Gefühl, welches ihn bewogen hatte, militärische Bedeckung anzufordern, erwies sich als höchst berechtigt. Zunächst beunruhigte es ihn, daß der Mayer nicht greifbar war. Dann ließen ihn die drei vorgeladenen Deputierten durch ihre Drohungen befürchten, daß sie noch in der Nacht Unruhe stiften würden. Er übergab sie deswegen den beiden Soldaten zur Aufbewahrung auf dem Rathaus mit dem Befehl, bei etwaigem Aufruhr vor jeder Gewalt zu weichen und alles Blutvergießen zu meiden.

Er verhörte dann den Sohn des eingekerkerten Gassenwirts Wirtner, der sogleich bekannte, daß für seinen Vater und den Sulan auf dem Twiel bereits über 20 Gulden gesammelt worden waren; doch habe er das Geld den Spendern sofort zurückgebracht, als die Kunde von der Untersuchung durchgesickert war. Schließlich ließ Dr. Spittler von Haus zu Haus die Gemeinde auf den nächsten Morgen um acht Uhr vors Rathaus laden und dabei die Leute ernstlich zum Frieden mahnen. Zwar verlief dann tatsächlich die Nacht ohne Tumult, aber er konnte im Amtshaus doch nicht richtig schlafen, weil die ganze Nacht ein Geläufe hin und her ging.

Als aber der Feldwaibel die drei Verhafteten in der Frühe um fünf Uhr nach Tuttlingen abführen wollte, versammelten sich im Nu an die 50 Bürger mit Fackeln und ließen die Männer nicht fort. Sie zogen auch vors Amtshaus, und Jacob Palmtag erklärte dem Oberamtmann, der ans Fenster gekommen war, er müsse sie alle mit abführen lassen. Es dauerte lange, bis das Geschrei sich so weit gelegt hatte, daß der Oberamtmann verkünden konnte, er werde es den Verhafteten freistellen, ob sie mitgehen wollten oder nicht. Er bat die Bürger, ruhig nach Hause zu gehen; alles

weitere würden sie um acht Uhr erfahren. Sie verliefen sich dann allmählich.
Doch als sie wiederkamen, war der Aufruhr größer als zuvor. Der Palmtag weigerte sich, weitere Wortführer zu bezeichnen; nur Johannes Jauch und Johannes Schlenker bekannten sich dazu. Dr. Spittler entdeckte den Mayer unter der Menge und fragte ihn samt den drei Deputierten, ob sie dem herzoglichen Befehl gehorchen und nach Tuttlingen mitgehen wollten. Nach anfänglichem Weigern erklärten sie schließlich, sie wollten noch ein paar Tage warten und dann gehen. Dabei stießen sie aber laute Vorwürfe gegen den Amtmann Schuler aus; der Mayer lud ihn sogar vor das Jüngste Gericht. Als der Oberamtmann endlich den Rest der Strafverfügung verkündete, steigerte sich das Geschrei zum Tumult, denn inzwischen waren auch alle Weiber und Kinder zusammengelaufen, und unter den bestraften Bittstellern waren nicht wenige Witwen.
Die Tuttlinger Herren zogen sich ins Haus zurück und rieten den inzwischen auch erschienenen Richtern, den Leuten das geforderte Öhmden zu gestatten und so die erste Hand zum Frieden zu bieten, was die auch zusagten. Sie schärften ihnen auch ein, jetzt doch ja niemanden durch Widerrede zu reizen. Draußen wurden sie von der Menge umringt und so eingezwängt, daß sie nur mit größter Mühe, unter dauerndem Zureden, ihre Kutsche erreichen konnten.
Vor ihren Augen stieg Johannes Mayer zu Pferde und verkündete, er wolle auch nach Tuttlingen aufbrechen. Er ritt auch tatsächlich langsam durch die Leute dem Ortsausgang zu. Dort wurde er aber von einer Menge von Männern, Weibern und Kindern aufgehalten und im Triumphzug wieder zurückgeführt. Als er nun der Kutsche mit den vier Gästen begegnete, rief er ihnen vom Pferd herunter zu, die Herren müßten nun doch selber sehen, daß er gehorsam sein wolle, wenn er nur könnte. Sie würdigten ihn jedoch keines Blickes und setzten ihren Heimweg fort.
Im Dorf hielten Geschrei und Aufregung den ganzen Tag an, ja,

setzten sich teilweise die Nacht hindurch fort bis in den ersten Tag des Jahres 1785 hinein. Viele Leute ahnten, daß ihnen noch bittere Tage bevorstanden.

Dieser Bericht aus einem fünfjährigen Aufruhr setzt die letzte Miniatur fort und findet in der nächsten seinen Abschluß. Namen, Daten und alle Einzelheiten sind in den Urkunden belegt; es brauchte kaum etwas angefügt zu werden.

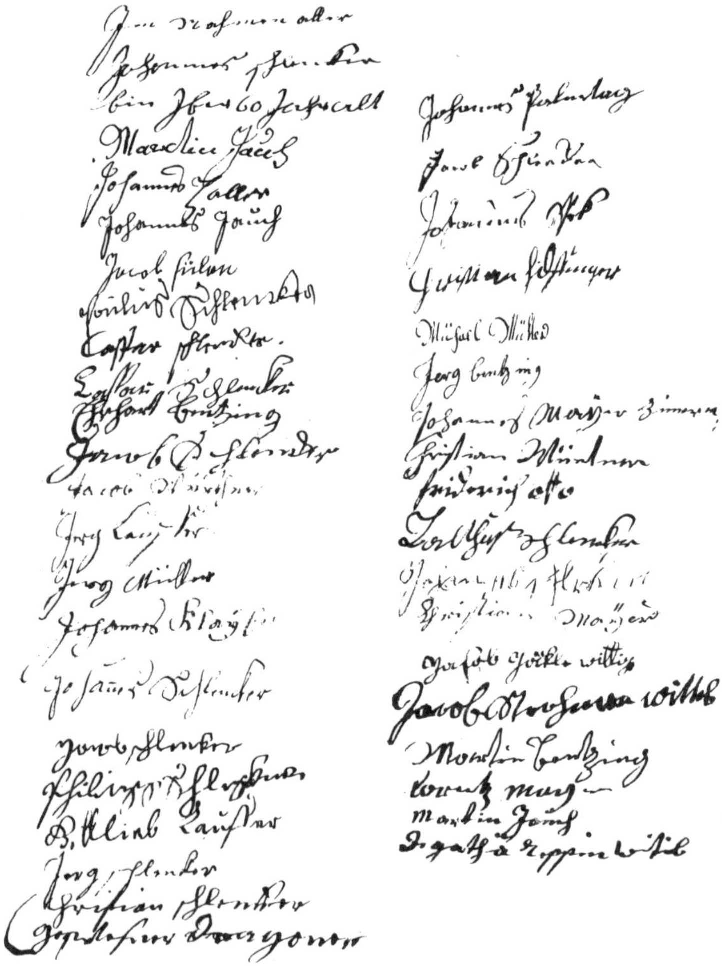

1786

19 Ein hartes Strafgericht

Ein Militär-Commando treibt die Strafen ein

Dieses Jahr sollte noch verhängnisvoller werden als die vier Jahre zuvor. Gleich nach Neujahr setzte sich der Richter Michael Schrenk hin und schrieb seinem Herzog einen bewegten Brief. Er sei nun 63 Jahre alt, gehöre dem Schwenninger Magistrat seit 30 Jahren an und sei auch schon gewählter Burgermeister gewesen. Nun bat er drum, ihn von seinem Amtseid zu entbinden. Er habe gleich zu Beginn der Streitigkeiten zwischen den Commun Vorstehern und dem Großteil der Burgerschaft den beiden streitenden Parteien Vorschläge gemacht, wie man leicht zu Fried und Eintracht kommen könne. Statt dessen sei die Zwietracht mit jedem Jahr größer geworden. Und nun sei ein Strafgericht über seine Mitbürger hereingebrochen, wie es in Salomons Predigerbuch beschrieben stehe: »Ich wandte mich und sahe Thränen derer, so Unrecht litten, und hatten keinen Tröster; und die ihnen Unrecht thaten, waren zu mächtig, daß sie keinen Tröster haben konnten.« Er wies auf die Möglichkeit hin, daß die Regierung von beiden Seiten nicht die volle Wahrheit erfahren habe, und bat von sich aus, doch einen unpartheiischen Commissarius herzuschicken. Er beschloß seinen Brief mit den selbstverfaßten Reimen: »Es lebe Herzog Carl / noch vile lange Jahr; ihn Landesvater schütz / Gott durch der Engel Schar! Das treue Fürstenherz / erquicke Jesu Güte; der große Seegensgott / ihn und sein Hauß behüte! So vile Tropfen sich / im Neker Strohm ergießen, so mancher solle auch / auf seinen Scheitel fließen!« Jetzt hoffte er auf eine gnädige Antwort.
Am selben Tag saß Johannes Mayer und schrieb mit ungelenker

Hand einen Begleitbrief für zwei Weiber, welche den Dr. Schnell in Tübingen aufsuchen sollten. Er bat den Advokaten um Gottes Barmherzigkeit willen, ihnen allen noch einmal beizustehen und zwei Memoriale aufzusetzen – eines wegen der gerechten Verteilung jener 156 Morgen Allmand, wozu die beiden Überbringer Näheres erklären konnten, ein anderes für ihn selber, den Johannes Wirtner und den Jacob Sulan, welche er auf dem Hohentwiel treffen werde, wohin er nunmehr aufbrechen müsse. Der Doktor möge aber die Bittschriften nicht an die Regierung schicken, welches ihnen bei Strafe verboten worden, vielmehr an Hertzogliche Durchlaucht persönlich. Gleich darauf nahm der Mayer Abschied von Weib und Kindern und machte sich auf, seine achtwöchige Festungshaft anzutreten.
Vier Tage danach bekam der Stadtschreiber Holland in Tübingen den herzoglichen Befehl, sich mit dem Lieutenant von Varnbühler in Verbindung zu setzen. Der werde ihn mit 16 Scharfschützen nach Schwenningen begleiten zur Untersuchung des kürzlich stattgehabten Aufruhrs dort. Holland begab sich zunächst allein nach Tuttlingen zur Besprechung mit dem Oberamtmann. Am 18. Januar traf er den Lieutenant mit seinem Kommando in Aldingen, und zusammen rückten sie noch selbigen Tags in Schwenningen ein.
Sie erregten zunächst großes Aufsehen. Aber als Holland mit den Verhören über die Ereignisse in der Nacht zu Silvester begann, fand er die Leute unterwürfig und meist sehr gedrückt. Einen vollen Monat dauerte die Untersuchung, denn Mann für Mann, Weib für Weib wurden die Bürger von den Soldaten aufs Rathaus geführt und dort aufs genaueste befragt. Nirgends gab es offene Widersetzlichkeit, aber auch nirgends freundschaftliche Annäherung an die Soldaten, welche alle in den Wirtschaften untergebracht waren.
Hinterher verfaßte der Commissarius einen umfassenden Bericht. Es wurde ein Aktenbündel von 304 Folioseiten daraus. Und es dauerte bis ins späte Frühjahr hinein, bis die herzoglichen Räte seine Ermittlungen durchstudiert und jedem Beteiligten

sein Urteil gesprochen hatte. So lange blieb das Dorf im ungewissen.

Endlich, am 11. Mai, kam der Oberamtmann zum Gerichtstag. Was er da vor versammelter Burgerschaft im Namen des Herzogs zu verkündigen hatte, war so ungeheuerlich, daß die Leute nicht einmal den Mund aufbrachten zu einem allgemeinen Aufschrei. Selbst die mutigsten Wortführer verstummten vor der Härte der Strafen. Um so mehr fraßen sich die Verzweiflung über die Unerbittlichkeit des Herzogs und die Wut über die Unmenschlichkeit der Dorfrichter in die Herzen.

Die Festungsstrafe für Johannes Mayer, Johannes Wirtner und Jacob Sulan, welche bereits im April auf Entlassung gehofft hatten, wurde auf zwölf, acht und sechs Monate verlängert. Jacob Palmtag, Johannes Schlenker und der Weber Martin Schlenker wurden für acht, sechs und vier Wochen ebenfalls auf den Hohentwiel geschickt. Johannes Jauch, »Andresen«, wurde zu vier Wochen Zwangsarbeit an einem noch zu bestimmenden Ort verurteilt. Drei Männer wurden für acht Tage, drei Weiber für vier Tage in den Turm verwiesen. Weitere 50 Weiber und Männer wurden zu Geldstrafen verurteilt. Der Beck Michael Schrenk wurde aus seinem Richteramt verjagt und mußte überdies zwei kleine Frevel bezahlen. Alle 64 Verurteilten hatten zusammen die Gerichts- und Exekutionskosten in Höhe von 686 Gulden zu tragen.

Für manche Familie bedeutete ihre Strafe den völligen Ruin. So ließ Anastasia Würtner, das Eheweib des Gassenwirtes, gleich danach durch ihren Sohn Johannes einen Bittbrief an den Herzog aufsetzen, des Inhalts, daß sie mit ihren neun Kindern, von denen erst drei verheiratet waren, die äußerste Not leide. Sie flehte den Landesvater »demütigst und fußfälligst an, seine höchstmildfürstlichste Gnade zu erzeigen«, und ihrem Mann, der schon alt und mit der Gliedersucht behaftet sei, den Rest der Festungshaft zu erlassen.

Ein volles halbes Jahr hindurch versuchte nunmehr der Oberamtmann, durch immer neue Termine, mit Mahnungen und

Strafandrohungen, die Geldstrafen einzutreiben, doch ohne jeden Erfolg. Selbst ein Presser, den er für drei Tage in den Flecken schickte, erreichte rein gar nichts. Die Leute erklärten einfach, sie hätten kein Geld, und ihr Vieh ließen sie sich nicht gutwillig wegführen. So sah sich Dr. Spittler schließlich gezwungen, wieder zu einer militärischen Exekution zu schreiten.
Kurz vor Weihnachten schickte er Soldaten des Tuninger Kommandos mit den Vollzugsbefehlen nach Schwenningen. Er schärfte ihnen aber ein, sie sollten sich zufriedengeben, wenn die Leute auch nur zu einer kleinen Anzahlung bereit waren. Jetzt gaben die Verurteilten klein bei. Die meisten bezahlten ohne Anstand, soviel sie im Augenblick eben vermochten. Nur zwei Palmtagsbrüder und drei Schuster Schlenker ließen es auf das Äußerste ankommen und weigerten sich so lange, bis der beauftragte Soldat in den Stall ging, ein Stück Vieh wegzuführen. Da wurden auch die letzten weich – bis auf den Weber Jacob Palmtag. Der rannte ins Haus und kam mit einer Flinte zurück. Mittlerweile hatte der Soldat Käfer die einzige Kuh schon in den Hof geführt und wollte auf die Straße hinaus. Palmtag rief ihm zu, er solle die Kuh stehenlassen, wenn er nicht unglücklich werden wolle. Der Soldat zog sein Seitengewehr und drohte, er werde den Weber niederhauen, wenn er sein Gewehr nicht zurücktrage. Da drückte dieser ab. Zwar hatte er nur mit Hasenschrot geladen und zielte an dem Soldaten vorbei, doch so, daß diesem der Mörtel vom Nachbarhaus ins Gesicht und in die Augen flog. Dann rannte der Palmtag davon und floh bis nach Schömberg, wo er einen ehemaligen Fourier kannte. Von dem ließ er eine Bittschrift aufsetzen und um Gnade flehen.
In der Zwischenzeit hatte sein Schwager, der Barbier Rapp, die Kuh gegen Bezahlung der Strafe eingelöst. Palmtag aber wurde erneut ins Zuchthaus geschickt, diesmal auf drei Monate und nach Ludwigsburg. Die Untersuchung seiner Vermögensverhältnisse ergab, daß er mit seinem Weib und seinen fünf Kindern außer einem Häuslein im Wert von 300 Gulden, einer Mietkuh und als wertlos eingeschätztem Hausrat rein gar nichts besaß,

wohl aber mit 140 Gulden verschuldet war. Dazu kamen nun 33 Gulden Gerichtskosten, so daß ihm nach Verkauf seines Häusleins noch 127 Gulden verblieben. Das wurde für tragbar erkannt.
Auch der Beck Johannes Mayer mußte nach seiner Entlassung vom Hohentwiel einen Teil seines Besitzes verkaufen, um alle aufgelaufenen Verwaltungs-, Gerichts- und Atzungskosten bezahlen zu können.
So waren am Ende eines fünfjährigen Kampfes gegen die Vormacht der reichen Bauern das Elend und die Hoffnungslosigkeit der Taglöhner in Schwenningen nur noch größer geworden. Es sollte noch viele Jahrzehnte dauern, bis ihre Not sich änderte.

Der Bericht enthält keinerlei Zutaten oder Änderungen, faßt nur rund 200 Aktenseiten aus dem Stuttgarter Staatsarchiv zusammen. Er bildet mit den beiden vorausgegangenen Miniaturen eine Einheit. – Es wäre interessant zu erfahren, ob dieser Aufstand der Schwenninger Tagelöhner eine örtlich begrenzte Sache blieb, oder ob er einer allgemeinen Stimmung unter dem württembergischen Landvolk Ausdruck gab. Es ist auch interessant, daß er zeitgleich mit den Anfängen der französischen Revolution geschah, und daß er vom selben Grundgefühl verletzter Menschenrechte getragen wurde. Ging es in Frankreich um den Kampf des Bürgertums gegen die Vorrechte des Adels und der Geistlichkeit, so ging es hier am Ort um die Auflehnung der ärmeren Volksschichten gegen Beamtenwillkür und die Vormachtstellung der reichen Bauernfamilien, welche sich im Lauf der Generationen alle Schlüsselstellungen in der Gemeindeverwaltung erbsweise gesichert hatten.

1792

Emigranten und Revolutionäre 20

Die französische Revolution und die Baar

Das Hummelsholz hallte wider vom Gekreisch und Gelächter der Franzosen. Der erste Novemberschnee war so dicht gefallen, daß man in der Frühe den Bahnschlitten hatte führen müssen. Drum waren nach der Schule die Buben und die Mädchen zum Morgenbühl hinausgezogen mit ihren Schlitten. Und die Franzosenkinder, welche noch nie soviel Schnee gesehen hatten, waren ihnen neugierig gefolgt. Bald hatten sie gelernt, mit den ›Käskisten‹ umzugehen, und bald verstanden sie, was eine ›Wadelmuus‹ war. Ihre Eltern, angelockt vom fernen Lärm und von der Wintersonne, waren den gebahnten Eschweg hinausspaziert. Jetzt standen sie am Feldrain, angetan mit kostbarem Pelzwerk, die Hände in warmen Muffen geborgen, und schauten dem Treiben der Kinder zu. Ein paar von den feinen jungen Damen wollten sich den Spaß nicht entgehen lassen und versuchten, einen Schlitten zu ergattern. Doch die Dorfkinder verstanden ihre Gebärden falsch und rannten verschreckt in den Wald. Erst, als die Fremden sie mit einigen Kreuzern lockten, trauten sie sich wieder heraus. Dann aber merkten sie, daß hier billig etwas zu verdienen sei. Sie rannten johlend neben ihren Schlitten den Hang hinab und zogen sie bereitwillig den Berg wieder hinauf, um oben von neuem zu kassieren.
Eine Woche schon waren die Emigranten jetzt im Dorf. 700 Mann ihres Corps unter dem Prinzen Condé waren in Schwenningen und Thuningen einquartiert, und nicht wenige hatten Frau und Kinder mit über den Rhein gebracht, sie vor den Revolutionären zu bewahren. Sie hatten allerdings ihren Quar-

tiergebern beigebracht, daß dies ihr letzter Tag in Schwenningen sei. Der württembergische Herzog hielt immer noch auf strenge Neutralität; er wollte es mit den neuen Machthabern in Paris nicht verderben und drängte auf den Abzug der Königstreuen. Den Wirten und den größeren Bauern tat das leid, denn die Fremden bezahlten in französischen Goldstücken. Sie ließen sich

auch beim Essen und Trinken keine Not anmerken, ließen sich extra weißes Brot backen und nur vom besten Wein auftischen. Vornehmlich im Pfarrhaus, wo man ordentlich französisch parlieren konnte, ging es hoch her.
Anders war die Stimmung bei den ärmeren Taglöhnern. Sie schauten mit scheelen Augen auf das Getue, auf Müßiggang und unnötige Verschwendung. Sie fanden die alte Erfahrung bestätigt, daß Reich am liebsten zu Reich hielt, auch wenn die Kinder hin und her keine Scheu voreinander zeigten. Die Taglöhner hätten viel lieber die französischen Freiheitskämpfer bei sich gesehen. Die hatten es doch im Sommer gewagt, ihren König mitsamt seiner Familie gefangenzusetzen, während das württembergische Volk immer noch in pflichteifrigster Unterthänigkeit vor seinem durchlauchtigsten Herzog und allergnädigsten Herrn katzbuckeln mußte. Gewiß, die Septembermorde in Paris waren grausam – man munkelte von 1600, die in den Gefängnissen totgeschlagen worden seien, darunter 300 Geistliche, welche den Eid auf die neue Verfassung verweigert hatten. Aber, wenn die Priester sich auf die Seite der Despoten und gegen das Volk gestellt hatten, – wenn die Adligen weiterhin die Bauern drücken und schinden wollten, dann war ihnen recht geschehen.
Auch auf der Baar war man recht unzufrieden mit dem Landesherrn und seinen Räten, seitdem die Schwenninger Taglöhner für ihr Verlangen nach mehr Gerechtigkeit so hart bestraft worden waren. Und nachdem in Stuttgart nicht mehr der Landtag zusammengerufen wurde, sondern nur noch der Ausschuß alles beriet und beschloß, hatte sich der Unmut auch gegen die Landstände gewandt. Auch in Schwenningen kannte man das Schmähgedicht, dessen letzter Vers ihnen gewidmet war:
»O schämt euch, ihr Landesstände,
ihr sämtlich treu Gehorsamste!
Euch trifft gewiß der Sturm am Ende,
ihr pflichtvergeßnen Mietlinge!
Wacht ihr nicht auf, mit Ernst zu sorgen,
daß unsre Rechte sei'n geborgen?«

Grad zwei Wochen waren es jetzt her, daß in Tuttlingen an die 500 Bürger, Männer und Weiber, aufs Rathaus gezogen waren. Sie wollten ihre Schreiber samt und sonders zu den Fenstern hinauswerfen. Mit knapper Not hatten sich Dr. Spittler, der auch in Schwenningen verhaßte Oberamtmann, und der Stadtschreiber Breunlin noch flüchten können. Herzog Carl Eugen war daraufhin höchstpersönlich in seine ferne Amtsstadt gereist, hatte die Aufrührer beschwichtigt und ihnen das versprochen, was er den Schwenningern sechs Jahre zuvor verweigert hatte: Er wolle ihnen einen seiner Räte zur Untersuchung aller ihrer Beschwerden schicken. Anscheinend spürte jetzt auch der Herzog, daß von Paris her ein neuer, scharfer Wind wehte.
Die Taglöhner in Schwenningen taten sich darauf mit ihrem Heiligenpfleger, dem Philipp Mehne, zusammen und berieten, ob sie es, trotz ihrer früheren bitteren Erfahrungen, wieder wagen könnten, eine Deputation nach Stuttgart zu entsenden. Sie wollten um die Absetzung ihres alten, ungerechten Vogts Schuler bitten. Die in Aldingen hatten nämlich vor kurzem sogar gebeten, man solle die Vögte ganz abschaffen. Mehne allerdings riet ihnen, sie sollten erst einmal die angekündigte Untersuchung in Tuttlingen abwarten. Dann werde man schon sehen, wie die Stimmung in Stuttgart sei.
Es sollten fast vier Jahre vergehen, ehe die Schwenninger dann die ersten französischen Soldaten zu sehen bekamen. Inzwischen war tatsächlich eine Deputation zum Herzog Carl gefahren, dort aber abgewiesen worden. Inzwischen war aber auch Herzog Carl gestorben, und an seine Stelle war erst sein Bruder Ludwig Eugen und dann der andere Bruder Friedrich Eugen getreten. Der erstere war ein entschiedener Gegner der Revolution gewesen und hatte sich ganz der österreichischen Politik angeschlossen. Seitdem konnte niemand mehr erwarten, daß der Herzog die Stellung der ärmeren Leute in den Gemeinden gegen die Magistrate stärken würde.
In Tuttlingen war es deswegen zu erneuten Unruhen gekommen. Im Frühjahr hatten die Bürger den Oberamtmann aus dem

Amtshaus geholt und kurzerhand gefangengesetzt. Der aber hatte die Sache in Stuttgart so übertrieben darstellen lassen, daß 60 Dragoner mit zwei Kanonen und zehn Artilleristen zu seiner Befreiung ausgerückt und erst nach drei Wochen wieder abgezogen waren, – nicht ohne drei Geiseln mitzunehmen und hohe Strafen festzusetzen. Immerhin war dann wenigstens der Dr. Spittler nach Beilstein versetzt worden.
Inzwischen war auch ein französisches Heer über den Rhein gekommen, hatte das Kreisaufgebot bei Kehl geschlagen und war über den Schwarzwald vorgerückt. Die Condéer hatten ihre Familien in die Schweiz geschickt und eine Zeitlang den Albrand zwischen dem Eichberg und der Blatthalde bei Oberbaldingen besetzt; ihre Vorposten hatten auf dem Bickeberg vor Villingen gelegen. Beim Heranrücken von Moreaus Armee hatten sie sich donauabwärts zurückgezogen.
Nun aber waren die Franzosen auch auf die Baar gekommen. Ihre Soldaten führten sich allerdings gar nicht so brüderlich auf, wie so mancher freiheitlich gesonnene Heißsporn es erhofft hatte. Sie raubten und plünderten nach Herzenslust. Aber es erfüllte die Unzufriedenen doch mit heimlich-grimmiger Genugtuung, daß die Franzosen offen mit ihnen sympathisierten, wenn sie sich gegen die Machthaber im Flecken einmal auflehnten. Sie wußten zwar nicht so genau, was es bedeutete, wenn die Fremden »Mort au Duc! – À bas les nobles! – Écrasez le clergé!« schrien, aber sie merkten doch, daß die Oberen gemeint waren. Sie steckten in der Wirtschaft die Köpfe zusammen und tuschelten schadenfroh über dem Brief eines französischen Offiziers, welchen ihnen Frieder Osiander, des Pfarrers Bub, heimlich abgeschrieben und übersetzt hatte. Den Brief hatte der Thuninger Pfarrer zu seinem Amtsbruder gebracht und hatte sich fürchterlich über das anmaßende Wesen des Schreibers aufgeregt. Der Brief lautete:
»Tuttlingen, den 13. Thermidor im 4. Jahr der unteilbaren und unbesiegbaren Revolution. – Mein Herr, ich wundere mich, daß das Erscheinen der Franzosen in diesem Land Ihnen nicht die

Augen geöffnet hat für die Offenbarung der Gerechtigkeit und der Freiheit, welche die Franzosen überall, wo sie hinkommen, mit sich tragen und verkündigen. Viele Ihrer Landsleute, welche bisher in den Fesseln Ihres Aberglaubens gefangengehalten wurden, klagen bei mir über die schlimme Behandlung, die sie von Ihnen erfahren könnten, weil sie sich weigern, Ihnen den Heuzehnten für die Pferde der französischen Armee abzuliefern, – jenen Zehnten, den ehrlich zu verdienen Sie nie verstanden haben. Das Verhalten dieser Leute ist in jeder Hinsicht lobenswert, während das Ihrige verwerflich, rechtswidrig und sehr verdächtig ist. Nach Ihrem unverschämten Betragen gegen die Franzosen hätte ich Sie eigentlich ins Gefängnis werfen müssen. Aber ich will Ihnen beweisen, daß unsere Grundsätze aus der Natur stammen und nichts als Gerechtigkeit atmen. – Versuchen Sie ja nicht, Ihre Mitbürger zu bedrücken, weil wir Franzosen sie mit aller Macht beschützen werden. Wenn es nötig sein sollte, werden wir auch mit Vergnügen den Zehnten bezahlen, den Sie bisher erpreßt haben, weil jene Unglücklichen allzu lange unter dem Joch der Sklaverei leben mußten. Es grüßt Sie der Oberzahlmeister der Rhein- und Mosel-Armee – Lauprois.«

So, der hatte es dem Pfarrherren drüben gründlich besorgt. Wenn die Franzosen jetzt den Bedrückten die Freiheit und die Gleichheit brachten, mußte man ihnen eben manches nachsehen, was sie jetzt da und dort anstellten. Schließlich war Krieg, und wer weiß, wie arg es den Kerlen in ihrem eignen Land drüben ergangen war.

Der Bericht über die Schlitten fahrenden Emigranten stammt aus mündlicher Weilersbacher Überlieferung und ist auf Schwenningen übertragen. Der Brief des französischen Zahlmeisters liegt im Staatsarchiv; er wurde ins Deutsche übersetzt. Die übrigen Angaben stammen aus verschiedenen Quellen. Die französischen Worte bedeuten: »Tod dem Herzog! Nieder mit den Adligen! Fort mit den Priestern!«

1796

21 Geiselnahme

Kaiserliche Dragoner entführen die Ortsvorsteher

Verzweifelte Hilferufe gellten über den Ösch. Die Leute auf den Feldern schreckten hoch. Das kam von drüben, von der hinteren Mühle. Zwischen den Weidenbüschen konnte man es blinken sehen; da waren Soldaten! Unter den Hilferufen hörte man Fluchen und dumpfe Schläge. Männer und Weiber rafften ihre Hauen auf und rannten hinüber. Ein paar Besonnene eilten zum Dorf, Hilfe zu holen; sie hatten gesehen, daß der Müller unterm Morgenbrot in den Flecken gegangen war, und sie wußten, daß seine Ehhalten im Villinger Ösch arbeiteten. Die Müllerin war ganz allein zu Hause.

Die ihr zu Hilfe liefen, sahen vor dem Haus ein halbes Dutzend Soldaten. Drei waren eben dabei, des Müllers Rosse aus dem Stall zu holen und vor den Heuwagen zu spannen. Die andern versuchten, die Haustür aufzusprengen. Ihre Pferde hatten sie ans Hofgatter gebunden; kaiserliche Dragoner waren es. Die Hilferufe der Müllerin kamen von oben, vom Bühnenladen; dorthin hatte sie sich wohl in ihrer Angst geflüchtet. Als nun die Soldaten von allen Seiten Bauersleute daherrennen sahen, ließen sie ab von ihren Vorhaben, sprangen zu ihren Pferden, saßen auf und zogen blank. Sie blockierten den Zugang zur Mühle. Ihr Anblick genügte, die Hilfsbereiten zum Stehen zu bringen. Unschlüssig standen sie an der Wegebiegung, hielten nur ihre Hauen schlagbereit.

Während die Müllerin in Angst die beiden Gruppen beobachtete, beratschlagten die Reiter, was sie tun wollten. Sie vermeinte, von unten das Wort »Feuer« zu hören, und fing von neuem an, um

Hilfe zu rufen: »Sie mai't d'Mile a'brenna, oh iar Liit, helfat mr do!« Die Soldaten aber merkten, daß bereits auch aus dem Dorf Menschen gelaufen kamen und daß die Schar der Bauern immer größer wurde, je länger sie zögerten. So sprangen zwei von ihnen ab, die Pferde vom Wagen wieder loszuschirren; sie wollten wohl wenigstens diese als Beute mitführen. Die andern vier ritten indessen langsam am Mühleweiher entlang auf die Wartenden zu. Dann, auf ein Zeichen ihres Korporals, sprengten sie mit geschwungenen Säbeln los. Die Leute stoben schreiend auseinander. Doch ehe die Dragoner den letzten der Flüchtenden erreicht hatten, fielen Schüsse. Vom Dorf her rannten mehrere junge Männer, zwei von ihnen mit Gewehren. Die hatten abgefeuert.

Die Dragoner erkannten die Gefahr. Sie rissen ihre Pferde herum, riefen ihren Kameraden zu, die Bauernpferde stehenzulassen, und suchten, die Wiesen im Gunnental zu gewinnen. Es dauerte aber ein paar Augenblicke, bis sie das hintere Gatter im Baumgarten aufgebracht hatten. Die genügten für Jacob Möhni, den jungen Zimmermann, und Johannes Jäckle, den Büchsenschifter, gezielt zu schießen. Das hinterste Pferd keilte wild aus und hätte seinen Reiter beinahe abgeworfen. Doch dann raste es davon, den andern nach. Und in wenigen Augenblicken hatten die Dragoner die Tuttlinger Straße erreicht und waren im schützenden Wald verschwunden.

Die Leute jubelten und beglückwünschten die Müllerin, die nun herausgestürzt kam. Als sie ihren Christian unter den Dahereilenden sah, warf sie sich ihm vor allen Leuten in die Arme. Sie berichtete unter Tränen, die Kerle seien plötzlich am Weiher aufgetaucht, und sie habe gerade noch ins Haus rennen und die Tür verriegeln können. Zum Glück hatte der Christian vor seinem Weggehen noch alle unteren Fensterläden vorgelegt. Durch die verschlossene Tür hindurch hatten die Kerle ihr zunächst nur schöngetan. Sie behaupteten, sie wollten sich nur ein bißchen ausruhen und einen Schluck trinken; sie solle doch aufmachen. Aber dann seien sie in den Stall gegangen und hätten

den Fuchs und den Schimmel rausgeholt. Da war sie auf die Bühne gerannt und hatte um Hilfe gerufen.
Der Christian lobte sein Weib ob ihres Verhaltens. Dann wandte er sich an die Umstehenden, dankte ihnen für ihre unerschrokkene Hilfe und lud sie alle zu einem Mühle-Vesper ein: »neibbacha Käarnabrott mit frischbrenntem Kriesewasser«. Die meisten nahmen dankend an, bot sich doch nun die Gelegenheit, das aufregende Erlebnis gründlich durchzusprechen. Man saß im Baumgarten im Gras, genoß den Schatten und die willkommene Unterbrechung der Arbeit. Unbestrittene Helden waren die beiden Schützen, welche so rasch zur Stelle gewesen waren und die Patrouille verjagt hatten.
Die Gespräche wandten sich den allgemeinen Kriegsläuften zu. Am Abend zuvor war ein reitender Bote vom Oberamt gekommen mit überraschender Kundschaft. Herzog Friedrich Eugen hatte Waffenstillstand geschlossen mit den Franzosen. Das Echo unter den Bürgern war zwiespältig. Unter der Jungmannschaft hielten es viele mit den Republikanern; sie erhofften sich Freiheit von den drückenden Gesetzen und Gleichheit unter den Bürgern. Die Älteren jedoch, welche als Kinder noch die Durchmärsche der Franzosen im österreichischen Erbfolgekrieg erlebt hatten, warnten. Das Land werde den Waffenstillstand noch teuer bezahlen müssen. Wenn die Franzosen kämen, würden sie bestimmt noch ganz anders hausen als die paar österreichischen Dragoner.
Alle waren sie empört über das feindselige Verhalten der bisherigen Verbündeten. Der Müller aber sagte ihnen, der Amtmann habe eben diesen Morgen auf dem Rathaus bekanntgegeben, was er von dem Boten am Abend erfahren hatte. Die Österreicher seien maßlos erbittert über den Abfall der Württemberger. Sie hätten gedroht, sie wollten den Rest der schwäbischen Kreistruppen entwaffnen, damit diese sich nicht mit den Franzosen verbünden konnten. Jedenfalls habe man sich in Zukunft von den Kaiserlichen nichts Gutes zu versehen. Freilich, das hatten die Richter nicht erwartet, daß die Österrei-

cher noch während ihrer Morgensitzung den ersten Handstreich auf Schwenningen verüben würden.
Der Müller konnte den Leuten nun auch erklären, was die vielen Feuer zu bedeuten hatten, die man in den ferndigen Nächten auf den Höhen im Süden beobachtet hatte. Die Kaiserlichen und das Emigranten-Corps des Prinzen Condé hielten die Linie vom Eichberg über die Länge, den Fürsten- und Wartenberg bis Oberbaldingen besetzt. Es war allerdings damit zu rechnen, daß sie bald abziehen würden, denn der österreichische Commandant, der in Fischbach das Eschachtal sperren sollte, hatte den Villinger Landsturm, der ihn verstärken wollte, wieder nach Haus geschickt. Der Schwarzwald sei nicht mehr zu halten. Auch der große Wagenpark, den die Reichsarmee in Rottweil zusammengezogen hatte, war schon wieder abgerückt, die Notlazarette in Rottweil und Deißlingen bereits nach rückwärts verlegt. – Über all dem war der Morgen vergangen. Als die Glocke zum Mittagessen rief, verabschiedete sich die ganze Gesellschaft. In den Häusern ging dann das Erzählen und Vermuten weiter. Die Aufregung dauerte auch den nächsten Tag noch an.
Dann brach neues Unheil über den Flecken herein. Man saß überall gerade beim Mittagessen, als vielfältiges Pferdegetrappel durch die Gassen dröhnte. Plötzlich war der ganze Ort gefüllt mit kaiserlichen Dragonern. Sie hielten alle Dorfeingänge besetzt und drangen in die größeren Höfe ein. Alle Richter wurden so, wie sie gerade waren, als Gefangene ins Rathaus abgeführt. Dort eröffnete ihnen ein Offizier, zwei Tage zuvor sei auf eine friedliche Patrouille geschossen und dabei ein Pferd verwundet worden. Der General habe eine Sühne von 500 Gulden und den Ersatz des Pferdes mit 80 Gulden angesetzt. Sie dürften aber nicht im Ort warten, bis das Geld beisammen sei. Der Vogt, der Untervogt und der Pfarrer müßten unverzüglich ihre eigenen Pferde besteigen und als Geiseln mitreiten. Er gebe ihnen eine Viertelstunde Zeit, sich zu richten und die Pferde zu satteln. Der Magistrat bleibe gefangen, bis die drei wieder zurück seien. Er

ließ sich auf keine Verhandlungen ein. Nur, als ihm der Amtmann Schuler vorhielt, er sei schon weit über 70 und völlig unfähig, ein Roß zu besteigen, erklärte er sich einverstanden, an seiner Statt den Richter Erhard Bürk mitzunehmen.
Der Offizier blieb auch unerbittlich, als die Ehefrauen der drei Geiseln kamen und ihn anflehten, er möge Gnade walten lassen. Er sagte ihnen, selbst wenn sie ihm das Lösegeld in die Hand legten, müsse er die Männer nach Geisingen zum General bringen. Der verlange solche Bestrafung. Und so schnell, wie sie gekommen waren, verschwanden die Dragoner auch wieder. Die Leute zählten dabei an die hundert Reiter. Das Pferd, das sie zurückließen und für das sie den dreifachen Preis verlangt hatten, wies kaum eine Spur von den Schrotkugeln auf, welche es an der Hinterhand getroffen hatten.
Während nun die zurückgebliebenen Richter berieten, wie sie die Summe in der Eile zusammenbringen und nach Geisingen tragen wollten, wandte sich das Mitleid der Bürger den drei Ehefrauen zu. Die Pfarrerin machte sich schwere Sorgen um ihren Mann. Er war schon 62 und bereits längere Zeit kränklich. Wie würde er den plötzlichen Schreck und den scharfen Ritt überstehen?
Doch es war noch keine Stunde verstrichen, da kam er allein zurück. Müde und zerschlagen hing er im Sattel. Er war unterwegs immer wieder vom Pferd gefallen vor Schwäche. Da hatte der Offizier ihn noch vor Mühlhausen heimgeschickt. Die Dragoner hatten offensichtlich Angst gehabt, auf Franzosen zu stoßen.
Aus ihren Gesprächen hatte Pfarrer Gmehlin entnommen, daß französische Reiter bereits in der Nähe von Villingen streiften. Deshalb waren die Dragoner die meiste Zeit im scharfen Trab geritten. Das war für ihn zuviel gewesen. Sein Weib war überglücklich, ihn wieder zu haben. Den beiden andern Hauswirtinnen aber versprach der Amtmann, es würden noch selbigen Tags drei Richter den Soldaten nachreiten und dem General das verlangte Geld überbringen.
Tatsächlich kehrten am nächsten Tag alle fünf Männer wohlbe-

halten zurück. Sie berichteten, die Österreicher seien bereits im Aufbruch gewesen, die Franzosen müßten ganz in der Nähe sein. Da machten sich die Bürger auf den Einzug der Republikaner gefaßt.

Der Bericht über den Anschlag auf die Mühle und die Geiselnahme steht in einem Ruggerichtsprotokoll vom 27. 7. 1796. Er wurde nur in den Einzelheiten weiter ausgestaltet. Die Namen sind alle dort aufgeführt. Die allgemeine Kriegslage jener Tage stellt sich in Kürze so dar: Die Truppen der französischen Revolution erschienen im Juni 1796 an der deutschen Grenze. Sie verkündeten überall die Ideale der Freiheit, Gleichheit und Brüderlichkeit. General Moreau setzte bei Kehl über den Rhein und schlug das österreichische Heer samt den Miliztruppen des Schwäbischen Kreises. Erzherzog Karl zog sich schrittweise nach Bayern zurück und gab die südwestdeutschen Lande den Franzosen preis. Sie hausten fürchterlich. Der württembergische Hof floh nach Bayreuth, der Landtag verlangte sofortige Friedensverhandlungen. Es kam zum Waffenstillstand: Württemberg mußte Mömppelgard und Reichenweyer abtreten und 4 Millionen Gulden Kriegsentschädigung bezahlen. Die Österreicher klagten bitter über diesen »Verrat«. Im Herbst besiegte Erzherzog Karl die Generale Moreau und Jourdan. Moreau zog sich über den Schwarzwald zurück, und wieder erlitt die Baar Raub und Brandschatzung. Erst 1797 beendete der Friede von Campo Formio diesen ersten Koalitionskrieg.

1799

22 Franzosen im Dorf

Drei Generäle nehmen Quartier im Pfarrhaus

Die bösen Nachrichten überstürzten sich. Aus dem Wutach- und dem Höllental, aus dem Kinzig- und dem Renchtal kamen junge Burschen auf der Flucht vor den Franzosen. Sie hatten vermeint, wie vor drei Jahren beim Rückzug Moreaus, noch schnell Freischaren bilden und den feindlichen Soldaten auflauern zu können. Doch die waren ihnen unversehens über die Dörfer gekommen. Am 1. März hatte General Jourdan den Rhein an drei Stellen zugleich überschritten und war sofort, ohne Widerstand zu finden, ins Gebirge gerückt.

Am 4. März bezog Jourdan Quartier in Villingen; weit über 30 000 Mann lagerten im näheren Umkreis. Nach Schwenningen kam noch am selben Tag der Commissair Soumèstre mit einem Detachement Dragoner, verlangte den Vogt und einen Dolmetscher. Zum Glück war der Pfarrerssohn gerade auf Urlaub. Friedrich Osiander, der 21jährige, hatte in der Schule genügend Französisch gelernt, dem Ungeduldigen Rede und Antwort zu stehen. Zwei Generäle könnten jeden Augenblick hier sein, brauchten sofort passendes Quartier. Erhard Bürk, der Vogt, besann sich nicht lang: Die Pfarrersleute sollten Zimmer freimachen für die Generäle Soult und Souan und für deren Domestiken; auch sechs Pferde seien unterzustellen.

Soumestre drängte darauf, mit seinen Ordonnanzen in einem Wirtshaus untergebracht zu werden. Unter den Neugierigen stand auch Jacob Kienzle, der Rabenwirt; ihm wurden die ungebetenen Gäste zugeteilt. Die Dragoner hatten in der Zwischenzeit mit unmißverständlichen Gebärden versucht, von den Umstehenden etwas Trinkbares zu bekommen und mit den Mädchen anzubandeln.

All das hatte sich am unteren Sturmbühl abgespielt. Nun sprengte ein einzelner Dragoner herbei, parierte vor dem Commissair und brachte, rückwärts deutend, eine kurze Meldung. Vom Saubühl her näherte sich eine größere Reiterabteilung, an der Spitze mehrere buntgekleidete Herren. Soumèstre begann zu fluchen und begehrte hastig, die Namen der Dorfgasthäuser zu erfahren.

Da der junge Osiander noch nicht wieder zurück war, sprang Herr Christian Held, ein auswärtiger Handelsmann, der zufällig im Flecken und des Französischen kundig war, hilfreich ein. Er erklärte, es seien außer dem Raben noch weitere neun Wirtschaften im Ort. Soumèstre wollte wissen, welche davon als Offiziersquartiere in Frage kämen. Der Vogt nannte ihm den Schwanen, die Krone, den Adler, die Sonne und den Bären; die andern seien nur Gassenwirtschaften und für vornehme Herren kaum geeignet.

Inzwischen tauchte die Kavalkade am oberen Sturmbühl auf. Der Commissair befahl seinen Leuten und den Bürgern, an ihrem Platz zu verweilen, und ritt der Truppe entgegen. Nach kurzem Wortwechsel setzten die Reiter ihren Weg fort. Soumèstre sprengte voraus und befahl dem Vogt, die Herren Generäle ins Pfarrhaus zu geleiten. Er selber werde jetzt mit dem Dolmetscher zum Raben gehen und erwarte dort alle Dorfrichter binnen einer halben Stunde.

Die Abteilung war heran. Die beiden Herren an der Spitze schauten eher belustigt als feindselig auf die erregten Menschen hinunter. In wenigen Augenblicken waren die Offiziere eingewiesen, sie verteilten sich mit ihren Ordonnanzen über das Dorf. Im Raben erklärte der Commissair den Richtern in dürren Worten, daß die bis jetzt eingetroffenen Reiter nur die Stäbe der beiden Generäle seien. Im Lauf des Tages und in den folgenden Tagen werde der Flecken erst seine richtige Einquartierung bekommen. Eine genauere Zahl könne er ihnen noch nicht

nennen, sie sollten sich aber auf etliche tausend Mann gefaßt machen.
Als ihm der Untervogt entgegnete, das ganze Dorf habe doch nur 265 Wohnhäuser, meinte er kopfschüttelnd, wenn er pro Haus 20 bis 25 Leute rechne, so könnten bequem 6000 Mann stationiert werden, und in den Ställen hätten wohl an die 1000 Pferde Platz, wenn die Bauern ihre Gäule derweil in die Scheuern stellten. Das aufgeregte Gemurmel der Männer unterband er mit einem scharfen Wort. Der Gemeindepfleger mußte ihm eine Bürgerliste vorlegen und für jede Familie angeben, wie viele Soldaten sie ins Quartier nehmen konnte. Als dann am Ende für die 2200 Einwohner nur ebenso viele Soldaten zusammenkamen, verdoppelte er einfach alle Zahlen und meinte, im Notfall müßten die Leute eben noch enger zusammenrücken. Bei der Kälte könnten die Soldaten unmöglich in den Zelten kampieren. Dann machte er sich an die Erfassung aller Bauernpferde und -wagen, erkundigte sich nach den Futtervorräten und dem vorhandenen Proviant an Mehl, Fleisch und Wein. Die Richter merkten bald, daß der Commissair ein eiskalter Rechner war, der sich durch keine Bauernschläue überlisten ließ. Wo sie seine Forderungen als unerfüllbar zurückwiesen, drohte er mit zwangsweiser Beitreibung, mit Geiselnahme und Exekution.
Die Besprechung wurde immer wieder unterbrochen durch Feldwaibel und Furiere, durch Wacht- und Futtermeister, welche für neu einrückende Truppenteile Quartier und Verpflegung forderten. Der Vogt verzweifelte schließlich an der Hoffnung, den Commissair zur Mäßigung zu bringen, und machte sich auf, mit den beiden Generälen selbst zu reden. Was er aber auf dem Weg zum Pfarrhaus zu sehen bekam, raubte ihm den letzten Rest von Sicherheit. Überall waren die Soldaten dabei, sich mit Essen und Trinken zu versorgen. Sie jagten hinter den Enten und Hühnern her, zerrten quietschende Schweine aus den Ställen, karrten Mehlsäcke aus den Mühlen daher, stritten um Weinfässer und Bierkannen und fanden zwischendurch noch Zeit zu allerlei

Schabernack mit dem jungen Weibervolk und den Kindern. Die Erwachsenen aber standen verzweifelt in Gruppen beiseite, und nur vereinzelt versuchte eine Bäuerin händeringend, ihre Leghenne oder ihr Kälbchen zu retten.
Vor dem Pfarrhof stand ein Doppelposten und wehrte dem Vogt den Zutritt. Schließlich kam der Pfarrherr selbst und bedeutete den Wachtsoldaten, daß der Besucher der »Maire« sei und dringend die Herren Generäle sprechen müsse. Nun erst konnte Erhard Bürk das Pfarrhaus betreten. Auf der Treppe traf er die verschüchterte Pfarrmagd, welche ein riesiges Tablett mit Schüsseln wegtrug. Der Pfarrer erklärte dem Vogt, inzwischen sei noch der General Décain zu den Herren Soult und Souan dazugekommen. Die drei säßen beim Essen, und der Vogt werde besser noch einen Augenblick warten, bis sie gesättigt und gnädiger gestimmt seien. Er konnte ihn weder in die Amtsstube noch ins Wohnzimmer führen, da alle heizbaren Stuben belegt waren. So traten sie in die Küche, wo Frau Elisabeth weinend am Herd stand.
Sie berichtete, den Generälen sei nichts gut genug. Sie hatten die gebratene Gans wieder zurückgeschickt, man möge sie gefälligst mit Äpfeln und Nüssen füllen. Ihr Brot sei denen nicht weiß, ihre Suppen nicht würzig, ihr Gemüse nicht zart genug. Sie hatten bereits einen Bedienten mit dem Wächter nach Villingen geschickt, daß sie beim Apotheker und beim Kaufmann die Dinge besorgen sollten, die beim Dorfkrämer nicht zu haben waren: Kaffee und Zucker, ›Baumöhl‹ und Zitronen, Gewürze und feinen Tabak. Auf des Pfarrers bange Frage, wer denn all das teure Zeug bezahlen solle, antwortete der Vogt resigniert: »Das wird hinterher auf die Bürgerschaft umgelegt, und wenn wir Glück haben, ersetzt uns nachher das Land ein Teil davon, so wie nach dem letzten Franzoseneinfall vor drei Jahren. Bloß mußten wir da vorher das Doppelte und Dreifache an Kriegssteuer aufbringen.«
Endlich schienen die drei Herren geneigt zu sein, sich des Vogts Klagen anzuhören. Er nahm Sohn Friedrich mit in die Wohn-

stube. Die Gäste hatten sich drei Sessel aus der Amtsstube hereintragen lassen und es sich darin so bequem wie möglich gemacht. Ein jeder rauchte seine Pfeife und hatte neben sich auf dem Boden die Weinkanne stehen. Erhard Bürk wurde aufgefordert, sich kurz zu fassen. Niemand lud ihn zum Sitzen ein. So begnügte er sich damit, ihnen zunächst nur nackte Zahlen vorzutragen: Beim Rückzug des Generals Moreau vor drei Jahren habe das Dorf durch Plünderungen und Zerstörungen einen Schaden von mehr als 32 000 Gulden erlitten; dazu seien noch 2 300 Gulden für mitgenommene Pferde und Wagen gekommen. Er könne das jetzt nicht in französisches Geld umrechnen, wolle aber sagen, daß jede Familie im Durchschnitt 80 Gulden verloren habe, und dafür müsse ein Familienvater vier Monate lang arbeiten.

Die Herren fanden das recht interessant und amüsant, wollten aber wissen, weshalb der Maire ihnen das erzählte. Erhard Bürk kochte vor Wut, aber er hielt an sich. Nun, der Commissair Soumèstre habe dem Dorfmagistrat soeben mitgeteilt, daß Schwenningen möglicherweise 6 000 Mann Einquartierung bekomme; das könne doch nicht ihr Ernst sein. Als die Herren aber auch dafür nur ein belustigtes: »Mais oui, oui!« übrig hatten, brach es aus dem verzweifelten Mann heraus: »Das ist ungeheuerlich! Ich habe bisher geglaubt, die Revolutionsarmee bestehe aus Patrioten und Freunden des Volks. Aber anstelle der Egalité und der Fraternité erleben wir hier nur Gewalt und Verbrechen!« – Der Pfarrerssohn war entsetzt und wagte nicht, die Worte des Vogts zu übersetzen. Die Herren aber hatten nicht nur die erzürnte Miene des hünenhaften Graukopfs richtig gedeutet, sondern auch den Vorwurf der beiden französischen Losungsworte richtig verstanden. General Soult, anscheinend der Dienstälteste unter den dreien, verbat sich den Ton des Monsieur Maire und entließ ihn sehr ungnädig mit den Worten: »C'est la guerre, monsieur!«

Der Vogt ging zurück in den Raben. Er machte sich auf das Schlimmste gefaßt.

Über die Einquartierungen von 1796 und 1799-1801 liegen im Schwenninger Archiv zahlreiche Akten vor. Aus ihnen sind alle Namen entnommen, auch die der 3 Generale aus Jourdans Armee.

Einige Preise: Taglohn 40 Kreuzer, 1 Pfd. Kaffee oder Zucker 1 Gulden 20 Kr., 1 Zitrone 12 Kr., 1 Gans 1 Gulden, 1 Maß Wein = 1,7 Liter 40–48 Kr.

1801

23 Zwei Jahre Einquartierung

Die Beauftragten rechnen die Kosten zusammen

So fröhlich war's schon lang nicht mehr zugegangen in der Ratsstube. Der Vogt, der Burgermeister, der Feldmesser und der Wächter saßen beisammen, und ein jeder hatte eine Halbmaßkanne Wein vor sich stehen – Markgräfler, vom Extraguten. Den hatte der französische Rittmeister von den Elften Dragonern zurückgelassen, damals, als seine Eskadron so plötzlich abgerufen worden war. Johann Bürk, der Burgermeister, erinnerte sich noch vergnügt daran, wie der feine Herr im Morgendämmern fluchend auf seinen Gaul geklettert war, nachdem er das ganze Pfarrhaus nach seinem halbleeren Fäßle hatte durchstöbern lassen und seine Reiter bereits abgerückt waren. Johann hatte ja selber das Fäßle des Nachts vom Pfarrkeller in seine Scheuer geschleppt und dort unterm Stroh versteckt. Er hatte gedacht, den Markgräfler wollten sie auf dem Gericht zur Friedensfeier trinken, wenn das Kriegsvolk einmal draußen war aus dem Flecken.

Nun waren sie zwar schon ein halbes Jahr frei von Einquartierung, aber es gab halt immer noch keinen rechten Frieden, nur einen unsicheren Waffenstillstand. Zudem war das Fäßle in seinem Versteck merkwürdig leichter geworden, sein Inhalt würde für das ganze Gericht bestimmt nimmer reichen. So hatte er es für die Vierer-Kommission bestimmt, welche während der Soldatenzeit am meisten zu tun gehabt und auch jetzt noch die große Schlußabrechnung zu besorgen hatte.

Bis jetzt waren sie noch nicht weit vorangekommen. Allzu viele Erinnerungen tauchten auf während der Aufstellung. Da war vor

allem eben jener Capitaine aus dem Pfarrhaus. Der hatte allmählich nimmer gewußt, was er sich an Leckerbissen noch aussuchen sollte. Da lag noch eine seiner Bestellungen: »Veau, boeuf, mouton, canards, poulets, hasse, halouette.« Jawohl, sieben Lerchenbrüste hatte der als Vorspeise gefressen und mit dem Extraguten nachgespült. 45 Tage hatten seine Dragoner im Dorf gelegen, und die 60 Handwerkerrechnungen der Schneider, Schuster, Sattler, Wagner und Büchsenschifter für diese eine Schwadron machten allein schon 800 Gulden aus, welche die Gemeinde zu ersetzen hatte. Es sah wirklich so aus, als hätten die Reiter sich bereits für den siegreichen Einzug in Paris ausstaffiert mit kostbarem Scharlachtuch und verziertem Lederzeug, mit Pelzen und Schabracken, mit Säbelquasten und Roßschweifen. Dazu hatten sie simriweis Puder in ihre Perücken gestreut und nur den allerfeinsten Tabak geraucht und geschnupft. Der Wächter war mehr als ein dutzendmal in Villingen und Donaueschingen gewesen, weil dieses unsinnige Zeug in Schwenningen nicht zu haben war. Am Ende hatte er noch Schießpulver und Hasenschrot besorgen müssen, weil es die Herren Offiziere nach der Jagd gelüstet hatte.

Erhard Bürk, der Vogt, mahnte zur Weiterarbeit. Sie müßten jetzt der Reihe nach alle kaiserlichen und alle französischen Einheiten zusammenstellen, welche im Ort einquartiert waren. In der Wirrnis der vielen Durchzüge hatte niemand Zeit gehabt, eine ordentliche Liste zu führen. So mußten sie aus mehr als 600 Rechnungen und aus der Erinnerung die Daten zusammentragen.

Vom Vorrücken und dem Rückzug der Franzosen aus Ostrach und Stockach wußten sie nur noch, daß zwischen dem 4. und 30. März 1799 zahlreiche Einheiten der Armee Jourdan mit den Generalen Soult, Souan und Décain hier gelegen hatten. Ihnen waren dann die Kaiserlichen auf dem Fuß gefolgt. Und da begann Thomas Weyler, der Feldmesser, mit der Liste. Er hatte die beste Handschrift und mußte deswegen schreiben.

»1799. 1./2.4: Kaiser-Husaren, 1 Piquet (22 Mann) – 2./5.4: Inf.

Regt. Gemmingen, I. Batl. u. Stab (1175) – 5./7.4: General Sporc und Gen. Major Vogelsang (157) – 7./8.4: Inf. Regt. Verjowski, Depot (151) u. Regt. Erbach, Depot (49) – 8./21.4: Warasdiner Inf. Regt. St. Georg (495) – Wallachisches Gränz-Inf. Regt., I. Feld. Batl. (433).«
Weyler unterbrach sich lachend: »Damals meinten wir, schlimmer könnt's nimmer kommen mit unserm Botenlaufen, Umquartieren, Vorspannen und Fouragieren. Aber wir haben's noch gelernt nachher.« Der Vogt aber drängte. Er hob Blatt um Blatt die Rechnungen der Bauern und Handwerker, der Wirte und Fuhrleute, des Untervogts und des Pfarrers und diktierte gleichmütig. In raschem Wechsel waren weitere Einheiten derselben Regimenter durchgezogen. Andere waren wochenlang geblieben. So das Curaßier Regiment Erzherzog Franz-Mayland, zunächst mit 33 Offizieren und 343 Gemeinen, dann mit den Obristen v. Wilhelmi, v. Willenstein, v. Degelmann mit 383 Mann und weiteren 33 Offizieren, bis schließlich über 1600 Curaßiere dieses Regiments den Ort kennengelernt hatten.
Dann hatte es eine Pause von knapp vier Wochen gegeben, in welcher sie die Ernte eingebracht hatten. Am 20. September waren 1592 Mann vom Regiment Prinz Wirtemberg eingerückt. Dessen letzte Compagnie war nach elf Tagen kaum aus dem Flecken, als die Inf.-Regimenter Wekheim und Kallenberg mit 1150 Mann nebst einem Telegraphen-Transport von Mannheim Quartier verlangt hatten. Die Hauptmacht der Kaiserlichen lag damals wohl am Hochrhein und am Bodensee; sie sollte vermutlich den Franzosen ein Eindringen von Basel her verwehren. Jedenfalls mußten sich Schwenninger Fuhrleute am Transport von 1200 Zentnern Heu aus Villingen nach Blumberg beteiligen, während der umfangreiche Holzeinhieb und Transport von Brennholz für die Feldbäckerei in Stockach an den Händler Moses Rothschild veraccordiert wurde.
Die vier erinnerten sich noch gut an die Notzeit um Laurentius. Da hatten 4040 Soldaten und rund 1500 Pferde im Dorf gelegen. Ende Oktober verschwanden die letzten Latour-Dragoner; nach

Fourage Lieferungen und Abgaben.

Den 10. und 19.ten Octb. 1799. muste für Latour Dragoner eingezogen und abgegeben werden:

1405. Bund, a: 12 xr: th — 169. fl. 32 xr.

Den 10.ten Dec: 1799.
ist für Nassau Curassier eingezogen und dann zu abgegeben worden:

696. Bund, a: 12 xr: th. 83. fl. 52 xr.

Den 20.ten März 1800 hat man abermahl für das Kaiserl: Militair eingezogen und abgegeben

232. Bund, a: 12 xr — ~~67~~ 27 fl. 84 xr.

14 Tagen erschienen die Kaiser-Husaren. Ihnen folgten andere Dragoner und Curaßiere. Von Anfang Dezember bis Ende Februar lagen 300 Naßau-Curaßiere in den Häusern, bald danach die Curaßiere vom Regiment Lothringen und Infanteristen vom Regiment Olivier Wallis. Schließlich kam das ganze Regiment Latour mit 1244 Mann und nach ihm noch kurz das ganze Meierfeldische Corps mit 2600 Mann, zwischendurch auch ein Bataillon der Breisgauischen Landmiliz – alle schon auf dem Rückzug vor General Moreau. Der hatte Ende April 1800 den Feldmarschall-Lieutenant Kray vom Rhein zurückgedrängt und von dort in einer Reihe von Gefechten bei Engen, Stockach, Meßkirch und Biberach bis nach Ulm und dann nach München verfolgt.
Der Vogt meinte, sie hätten einen Schluck und eine Schnaufpause verdient. Der Burgermeister bot sich an, während der Pause aus einer Aufstellung des Substituts Streng vom Oberamt über die Prästationen des Fleckens während der kaiserlichen Einquartierung vom Oktober 99 bis zum Abrücken im Mai 1800 vorzulesen. Da stand drin:
»Fourage: 600 fl. – Außerordentliche Zehrung: 90 fl. – Kerzen und Öl: 160 fl. – Lohn und Verpflegung für 36 Mann beim Schanzenbau in Tannheim und Wolterdingen und beim Straßenbau in Horgen: 109 fl. – 100 Klafter Holz für Wäscherinnen, Marquetender, Feldwachen: 600 fl. – Vorspann und Fuhrwerken: 2800 fl. – Verloren gegangene Wägen und Roß bei Fahrten mit den abziehenden Truppen nach Riedlingen, Ochsenhausen, Gerhausen und Ulm: 480 fl. – Mit den kleineren Posten zusammen machte das überschlägig: 5000 Gulden.«
Nun schaute der Vogt seine Unterlagen durch. Er fand seine Erinnerung bestätigt. Unmittelbar hinter den Meierfeldischen war ein französisches Piquet erschienen und hatte am Ortsrand gegen das Zollhaus zu Feldwache bezogen, war aber bald auf dem Hochsträß weitergezogen. Volle drei Monate hatte es dann keine Einquartierung gegeben, die Armeen waren nach Bayern gezogen. Aber Ende Juli hatte das Elend mit den Franzosen

wieder angefangen. Thomas Weyler notierte wieder Zeile um Zeile:
»1800/1801. 30.7./4.9: Dragoner Regt. 11 (40) – 1. 10./14.11: vom selben Regt. (26) – 11. 12: Husaren Regt. 6, 4 Compagnien (366) – 21./24. 12: 8. Halb-Brigade, Linie (109) – 23.12./7.1: 110. HbBrig., Infanterie (201)« –
Dem Wächter kamen Erinnerungen: »Wißt ihr noch? Am Heiligabend kamen ein paar französische Offiziere ins Pfarrhaus und brachten etliche gefangene kaiserliche Offiziere mit. Zusammen haben sie dann den Altjahrabend gefeiert und selbstacht 14 Maß Wein und 2½ Schoppen Kirschenwasser gesoffen, die ich ihnen aus dem Schwanen holen mußte.«
Noch schneller als bei den Kaiserlichen wechselten dann die Einquartierungen. Bis zum Mai 1801 konnte der Feldmesser 20 verschiedene Truppenteile aufschreiben. Das waren die 1., 5., 10., 27., 38., 95. Halb-Brigade; das 4., 5., 8. Husaren-Regt., das 11. und 20. Chasseur-Regt., verschiedene Dragoner-Einheiten, Sappeurs und Artillerie. Am vorletzten Tag übernachteten noch 200 Kriegsgefangene im Ort. Die armen Teufel mußten noch nach Frankreich marschieren, weil Napoleon die Friedensverhandlungen mit Württemberg in die Länge zog.
Ein volles Jahr hatten die französischen Einquartierungen gedauert, und dabei waren insgesamt 3600 Soldaten verköstigt worden. Der Vogt bat den Burgermeister, doch auch die Zahl der kaiserlichen Kostgänger vom Jahr zuvor auszurechnen. Die drei andern warteten gespannt, bis er fertig war: »Tut genau 14 036 Gemeine und Offiziere – Weiber und Roß nicht mitgezählt. Jetzt könnt ihr wohl auch noch warten, bis ich die ganzen Quartiertage zusammengestellt habe.«
Diesmal dauerte es länger, und die Weinkannen waren fast leer, als Johann Bürk die Gansfeder hinlegte und gewichtig erklärte: »Es ist unglaublich, aber ihr könnt's mir glauben. In die zwei Jahre fallen 169 087 Quartiertage. Wir hatten also durchschnittlich pro Tag 222 zusätzliche Esser im Flecken mit seinen 2200 Einwohnern. Und wenn ich den amtlichen Tagessatz von 30

Kreuzern für einen Quartiersoldaten und 1 Gulden 15 Kreuzer für jeden Offizier einrechne, dann haben die Kaiserlichen und die Franzosen allein für Kost und Logis rund 90 000 Gulden verbraucht.«

Den Männern verschlug's für ein paar Augenblicke die Rede. Dann sagte der Vogt: »Schluß für heute. Wir haben noch etlich Tage mit unserer Aufstellung zu tun. Will bloß hoffen, daß dies die letzte Quartierrechnung in meinem Leben ist!«

Die Einquartierungen während des sog. »2. Koalitionskrieges« dauerten vom 4. März 1799 bis zum 14. Mai 1801. Die im Ortsarchiv vorliegenden 600 Aktenseiten geben in allen Einzelheiten die Belastungen der Bürgerschaft wieder, aber keine Gesamtaufstellung der Quartierkosten. So begnügt sich auch die Erzählung mit Auszügen und Einzelbeispielen. Die vier Männer hatten damals tatsächlich die Hauptarbeit für die Organisation zu leisten. Auch alle übrigen Namen und die Zahlen sind den Akten entnommen. – Hier der Anfang eines privaten »Plünderungskontos«:

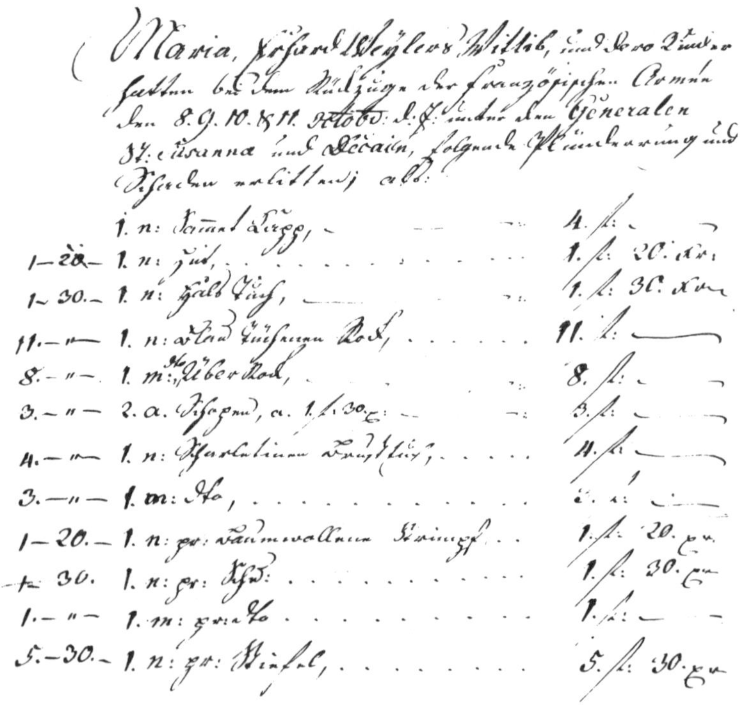
Maria, Johann Weglers Wittib, und deren Kinder hatten bei dem Rückzuge der französischen Armee den 8. 9. 10. & 11. Octob. d. J. unter den Generalen St. Susanna und Decain, folgende Plünderung und Schaden erlitten als:

	1. [illegible]	4. fl. –
1–20	1. [illegible]	1. fl. 20. kr.
1–30	1. [illegible]	1. fl. 30. kr.
11.–	1. [illegible]	11. fl. –
8.–	1. [illegible]	8. fl. –
3.–	2. [illegible]	3. fl. –
4.–	1. [illegible]	4. fl. –
3.–	1. [illegible]	[illegible]
1–20.–	1. [illegible]	1. fl. 20. kr.
1–30.	1. [illegible]	1. fl. 30. kr.
1.–	1. [illegible]	1. fl. –
5.–30.–	1. [illegible]	5. fl. 30. kr.

1805

Ärgernis: Die Beber 24

Religiöse Schwärmerei nimmt überhand

Die Gemeinde war in großen Zweifeln. Nun war der alte, gütige Pfarrer Osiander abberufen worden, und an seine Stelle hatte das Konsistorium in Stuttgart den Pfarrer Dahm gesetzt, der so streng dreinschaute und so laut gegen die Sünden der Welt eiferte. Es hieß aber, er sei nur wegen der Pietisten gekommen, weil ihr öffentliches Treiben und Umlaufen immer ärger geworden war. Gewiß, die trieben mitunter absonderliche Dinge, und immer mehr Männer und Weiber, auch Halbwüchsige und Kinder, liefen zu ihren nächtlichen Versammlungen. Aber es waren doch fast alles rechtschaffene Leute; sie tranken nicht, und sie zehrten und sie spielten nicht in den Wirtschaften, sie enthielten sich des Schwörens und der bösen Nachrede, sie arbeiteten fleißig und besuchten gewissenhaft den Gottesdienst. Der Bahnwart und der Schüz und der Chirurgus Rapp zählten zu ihren Häuptern, und auch etliche Bauern hielten zu ihnen.

Freilich, daß sie verwichenen Winter mit einer kleinen Truhe um den ganzen Flecken gezogen waren und behauptet hatten, sie trügen die Bundeslade um die Mauern Jerichos, das war gar zum Lachen und fast ärgerlich gewesen, vollends, da sie unterwegs immer wieder angehalten und mit den Füßen getrampelt hatten, weil der Prophet Ezechiel sie solches zu tun geheißen habe. Keines von denen hatte nachher erklären können, was das eigentlich zu bedeuten hatte. Auch nicht das seltsame gruppenweise Umlaufen während der heiligen zwölf Nächte, das dann lang nach Dreikönig noch angehalten hatte.

Aber selbst solch halbverrücktes Tun war doch kein Grund, von der Kanzel herunter gegen eine gefährliche Sekte zu wettern und ihre Anhänger mit den härtesten Strafen zu bedrohen. Jetzt hatte der Pfarrer sogar eine genaue Untersuchung vor dem Kirchenconvent angesagt und auch bereits die bekanntesten Häupter zum Verhör geladen. Man war allgemein gespannt auf das Ergebnis. – Es wurde dann eine gar gestrenge und langwierige Abfragerei daraus. Ein volles Dutzend Männer und drei Weiber wurden der Reihe nach und einzeln über die nächtlichen Versammlungen und alle Schwärmereien verhört. Kein einziger wollte ableugnen daß er teilgenommen hatte, doch alle bekannten sich tapfer zum biblischen Glauben.

Auf die erste Frage, was sie denn in ihren Versammlungen geredet und getan hätten, sagten die meisten ganz einfach: »Alles, was gut ist. Wir sprachen vom Heiland und von Gottes Wort, daß es die Richtschnur zu unserer Seligkeit sei. Auch, daß wir unser Leben danach prüfen sollten, ob wir auf dem richtigen der beiden Wege seien.« Nun, dagegen hatte der Pfarrer schlechterdings nichts einwenden können.

Bedenklicher schien es ihm hingegen, daß schon dreiviertel Jahre hindurch immer wieder einzelne der Versammelten in Verzükkung geraten und ganz außer sich gekommen waren mit Beben und mit Kämpfen. An Martini hatte es die Regina Jauch zum erstenmal gepackt. Hinterher hatte sie berichtet, sie sei im Himmel gewesen, habe dort neue Kleider bekommen, und dann habe der Geist Gottes sie durchzittert und durchbebt. Später hatten dann alle, über welche solche Zuckungen gekommen waren, erklärt, diese seien Wirkungen des göttlichen Geistes.

Bald darauf hatte die Schrenkin ihr erstes »Wehe!« ausgerufen und Schlimmes prophezeit. Brand und Pest würden nicht nur über die hiesige Gemeinde, sondern auch über Stuttgart kommen, und diese Schrecknisse offenbarten nur den Anfang der göttlichen Strafen, welche alle anders Gesinnten treffen würden. Allerdings wolle jetzt niemand mehr an die Schrenkin glauben, denn sie hatte das göttliche Gericht auf vergangenen Mittwoch, den 3. Juli, vorausgesagt, und nichts war eingetroffen, obwohl sie klar gesagt hatte, die Todespost werde noch vor Mitternacht eintreffen. Immerhin war der Weiler-Thomas damals so erschüttert worden, daß er nach Hause gegangen war und den Seinen erklärt hatte, er wolle jetzt Buße tun. – Solche Prophezeiungen, obschon als töricht erwiesen, schienen dem Pfarrer höchst bedenklich und strafwürdig.

Es war ihm aber auch zu Ohren gekommen, daß die Regina Sünden vergeben und Leute getauft habe. Im Verhör kam's dann heraus. Sie hatte den Bahnwart vor sich hinknien lassen und zu ihm gesagt: »Du sollst hinfort nicht mehr Jacob, sondern Peter heißen.« Den Martin Müller aber und seine Mutter hatte sie in Buße gebunden und erst am Pfingstfest wieder losgelassen. Sie hatte nämlich behauptet, sie habe während eines Donnerwetters an Petri und Pauli die Schlüssel der Hölle und des Todes empfangen. – Solch gotteslästerliche Reden und Taten mußte nun der Pfarrer aufs strengste rügen und verweisen.

Dagegen war das nächste, was der Convent erfuhr, absurd bis zur Torheit. Da hatte der Schneider Müller erzählt, er habe einmal an die hundert Seelen gesehen, welche Zungen redeten. Ein andermal sei der Heiland zu ihm in die Stube gekommen und habe ihm einen Tropfen Blut ins Maul gespritzt. Darauf sei es ihm vier Wochen lang wohl gewesen. Der Schweinehirt behauptete, er sei in Jerusalem gewesen und habe dort zwölf Tore gefunden. Weil man aber vorher in einer Versammlung 24 Leviten gewählt hatte, habe er den Herrgott gefragt: »Lieber Vatter, wo müssen denn die andern zwölf Leviten hineingehen?« Und eine Stimme habe geantwortet: »Geh zu der Gartentür, an deren Seiten je zwei Säulen stehen; von dort müssen die Leviten in die Stadt eingehen, je zwei an jedem Tor. Wer aber kein Licht mehr hat, der soll kein Teil an der himmlischen Seligkeit haben.« Der Jacob Benzing vollends sagte aus: »Ich habe zuerst haufenweis Menschen gesehen, welche alle schwarze Kleider anhatten. Wie ich zu ihnen kam, flohen sie auseinander vor mir wie der Wind. Danach bin ich in den Himmel gegangen, da haben mich viele Engel umringt. Auch waren da die Seelen vieler

Verstorbener, so groß wie die Schwalben. Eine ganze Viertelstunde war ich so im Himmel. Als ich aus meiner Verzückung erwachte, mußte ich weinen.«
Die Zensurrichter und der Pfarrer konnten nur die Köpfe schütteln über soviel ungereimtes Zeug. Sie wollten aber noch kein Urteil sprechen, ehe sie nicht auch die Regina Jauch selbst vernommen hatten. Die erklärte von vornherein, vom Beben und vom Kämpfen könne sie nicht ablassen, denn das wirke der Geist Gottes in ihr. Auch das letzte Mal sei es in der Versammlung wieder über sie gekommen. Sie habe da die Seelen gefragt: »Sind dir deine Sünden leid? – Wenn dem so ist, so bitte Gott um Gnad, und deine Sünden werden durch den Heiland vergeben«. Darauf sei sie in ein Zittern verfallen, und auch die andern hätten ein Zittern in ihren Herzen verspürt. Ein Bub von 17 Jahren aber sei auf den Boden gefallen und habe gekämpft und gerufen: »Laufet, laufet, damit der Aufruhr in mir nachlaßt!« Und da seien sie in der Stuben auf und ab und auch im Ring herumgelaufen und hätten dabei mit den Füßen getrampelt.
Darüber nun hatten sich die Nachbarn beschwert. Sie waren durch das Poltern und Schreien um ihre Nachtruhe gekommen und hatten schließlich Angst gehabt, daß ein Feuer ausgebrochen sei. – Der Pfarrer hielt der Regina entgegen, daß die Gemeinde solchen Unfug um ihrer Bürger willen nie und nimmer dulden könne, zumal das herzogliche Generalrescript von 1743 jegliche Versammlung bei Nacht verboten, auch alle Konventikel auf 15 Personen beschränkt habe.
Ganz zum Schluß kam noch heraus, daß einzelne Teilnehmer der Versammlung in aller Öffentlichkeit behauptet hatten, vor Gott seien nur die Gebete angenehm, welche sie in ihrer Gemeinschaft verrichteten. Alles andere Beten sei vor Gott ein Greuel und diene nur dem Teufel. Darüber waren die Richter und der Pfarrer ernstlich empört. Sie waren sich zwar einig, daß dieses ganze schwärmerische Wesen seine Ursache einerseits in der übergroßen Armut der Gemeinde nach den jahrelangen Einquartierungen, andererseits in der vorherrschenden, allzu ver-

nunftgemäßen Haltung der Kirche habe, wie sie sich im neuen Gesangbuch offenbart hatte. Aber dessenungeachtet mußte jetzt der Pfarrer den Leuten Einhalt gebieten.
Ihre Häupter wurden noch einmal vorgefordert und mußten vor dem Convent unterschreiben, daß sie sich an das Rescript von 1743 halten würden. Sie durften fortan nur noch am Sonntag nach den Gottesdiensten in kleineren Gruppen zusammenkommen. Jegliche Umzüge und jeglicher Lärm wurden ihnen verboten. Vor allem aber wurden alle Prophezeiungen, Taufhandlungen, geistlichen Verurteilungen unter Strafe gestellt. – Das wirkte. Es dauerte nur noch kurze Zeit, da verliefen die Versammlungen der Pietisten wieder in geordneten frommen Bahnen.

Das Auftreten der Beber scheint eine vereinzelte Abirrung der hiesigen Pietisten zu sein. Sie hielten sich davor und danach treu an die Landeskirche. Die schwärmerische Sehnsucht nach dem tausendjährigen Reich Christi war allerdings im Land weit verbreitet und wurde durch die Überbetonung alles Vernünftigen und Natürlichen im öffentlichen Leben gefördert. Die Hoffnung auf ein besseres Jenseits steht im zeitlichen, wohl auch im ursächlichen Zusammenhang mit den Wirren der französischen Revolution, in deren Verlauf unsere engere Heimat lange und harte Kriegsnöte zu erdulden hatte. Das wirtschaftliche Elend jener Jahre, die Verbitterung durch gesellschaftliche Unterdrückung, vermutlich auch mancherlei innerer Glaubensdruck, trieben bereits 1801 über hundert Menschen von hier zur Auswanderung nach Preußisch-Polen. Unter ihnen waren auch etliche Familien, welche in den Tagelöhner-Aufstand der 80er Jahre verwickelt gewesen waren. – Die hier niedergelegten Verhöre sind bis ins einzelne den damaligen Kirchenkonventprotokollen entnommen.

1812

Mit Napoleon nach Rußland 25

Ein Dorf wartet auf Nachricht von den Vermißten

In den ersten Märztagen erfuhr man im Dorf von der großen Truppenschau, welche König Friedrich bei Heilbronn abgehalten hatte. Vier Kavallerie- und vier Infanterieregimenter waren dort versammelt worden, dazu zwei Jäger- und zwei leichte Infanteriebataillone und vier Batterien der Artillerie. Ein Aufatmen ging durch all die Familien, deren Söhne in Mergentheim und Ellwangen, in Ulm und in Neuenstadt lagen; die dortigen Regimenter waren daheim geblieben. Aber alle andern waren abgerückt, auch die Jäger aus Reutlingen und die Garnison aus Rottweil. Nur vom Regiment Nr. 7, das seit einem Jahr in Danzig die Kontinentalsperre sichern half und bei dem auch zwei Schwenninger dienten, wußte man noch nichts Näheres.
Erste Nachrichten kamen aus Leipzig und Frankfurt/Oder. Nun war es klar: Diesmal ging's gegen Rußland. Napoleon wollte den Zaren in den Weltkrieg gegen England zwingen, und die Württemberger mußten ihm dabei helfen, genauso wie die Badener, die Bayern, die Preußen und die Österreicher. Über eine halbe Million Soldaten zog jetzt durch Polen, der russischen Grenze entgegen. Und dann kam auch ein Brief aus Elbing. Michel Müllers Jakob, der junge Schneider, schrieb aus dem Spital, sein Regiment sei aus Danzig nach Osten abgerückt. Er sei mit Fieber unterwegs hängengeblieben, aber Schloßhansen Erhard, sein Schulkamerad, der mit ihm zusammen in derselben Kompanie diente, habe ihn noch besucht und Grüße aufgetragen an den Vater und die Brüder Johannes und Paul, die auch Soldaten waren. Der Johannes solle nur schnell machen mit

seiner Heirat, damit er freikomme vom Militär. Am Schluß hatte der Jakob geschrieben, es gehe ihm schon wieder besser und er hoffe, bald wieder beim Regiment zu sein.
Dann aber war lange, bange Wochen keine Kunde mehr durchgekommen von der Großen Armee. Im Juni hörte man, daß Napoleon den württembergischen General von Woellwarth,

den Kommandeur der Kavallerie, seines Dienstes enthoben und nach Hause geschickt und daß er den Kronprinzen in aller Öffentlichkeit beschimpft hatte. Das ließ auf böse Zerwürfnisse schließen. Bald sickerten auch Gerüchte über fortwährende Streitigkeiten mit Franzosen und Polen, über schlechte Verpflegung und harte Entbehrungen, über Krankheiten und unmenschlich lange Märsche durch.

Nun lebten einige Familien im Dorf, welche die Gegend wohl kannten, durch die das Heer jetzt ziehen mußte. Anno 1801 waren zwanzig Schwenninger Familien in einem großen Wagenzug nach Preußisch Eylau ausgewandert, in Verzweiflung geraten durch fortdauernde Einquartierungen zu Hause. Sie hatten jedoch das polnische Land dort oben entsetzlich öde und trostlos gefunden. Der Christian Fleig war mit seinen Leuten gleich nach Rußland weitergezogen. Die größere Hälfte hatte sich in ihr Los ergeben und war angesiedelt worden. Die Jäckle und die Käfer aber, die Otto und die Sulan waren umgekehrt und hatten, arm und niedergeschlagen, in der Heimat wieder ein Unterkommen gesucht. Diese Rückkehrer erzählten jetzt, wie ärmlich die polnischen Kätner und Büdner in jener Gegend hausten, wie mager die Felder, wie grundlos die Wege im Regen, wie staubig in der Hitze, wie dürftig die Ziehbrunnen und wie unfreundlich die Bewohner seien.

Besonders bedrückt war man in der Käfer-Verwandtschaft. Johannes, der eine der beiden Käfer-Brüder, war damals mit seinem Weib und vier seiner Kinder mit dabeigewesen und wiedergekommen. Jetzt marschierten der Älteste seiner Schwester Maria, der Christian, und der Zweitälteste seines Bruders Martin, der Hansjerg, durch das gottverlassene Land. Der Christian war allerdings nicht ganz fremd in Polen; er hatte bereits den Feldzug von 1807 mitgemacht, war in Posen und Thorn gewesen und hatte einige Brocken Polnisch aufgeschnappt. Der würde sich schon durchhelfen. Aber der Hansjerg war in der Majorskompanie des leichten Infanteriebataillons beim Obersten von Stockmaier, der von seinen Leuten immer

das Letzte verlangt hatte. Ob die beiden Vettern sich wohl gelegentlich trafen?
Man war ja ganz auf Vermutungen angewiesen daheim. Nach dem Brief aus Elbing kam monatelang keine schriftliche Mitteilung mehr ins Dorf. Entweder die Soldaten hatten vor lauter Marschieren keine Zeit mehr zum Schreiben, oder man hatte es ihnen ganz und gar verboten. An die Möglichkeit, daß es am Ende bereits Tote unter den Ausmarschierten gegeben hatte, mochte niemand denken.
Eines aber wurde traurige Gewißheit: Es blieb nicht bei der Zahl der eingesetzten Truppen. Im Laufe des Sommers wurden aus den daheim stationierten Regimentern »tüchtige« Ersatzleute ausgesondert und Anfang August nach Rußland in Marsch gesetzt. Unter ihnen waren auch Hansjerg Käfers Bruder Johannes, der junge Schuster Hansmartin Kirchberger, der Wirtssohn Johannes Müller und Michel Jauchs Johannes, der Jüngste aus erster Ehe. Dem Ergänzungsregiment schloß sich aber noch seltsamerweise eine ganze Schwenninger Familie an. Der Büchsenschifter Christian Jäckle war mit den Seinen anno 1801 auch mit nach Polen ausgewandert und wieder zurückgekehrt. Inzwischen war sein Hansmartin 17 Jahre alt und ebenfalls Büchsenmacher geworden. Der meldete sich freiwillig als Soldat und wurde zu den Fahnenschmieden gesteckt. Da beschlossen seine Eltern, sie wollten ihn begleiten und wenigstens bis nach Polen mitziehen, um dort nach ihren Verwandten zu schauen. Die Mutter fand tatsächlich eine Stelle als Wäscherin beim Bataillon, der Vater als Fuhrmann bei einem der Stabswagen. So blieben sie alle drei zusammen beim Train. Im Dorf wurden sie viel bewundert ob ihres Muts und ihrer Anhänglichkeit.
Ende September kam dann die erste amtliche Nachricht aus Rußland. Untervogts Erhard, seit zwei Jahren der Stolz der männlichen Dorfjugend, weil er beim Leib-Chevaux-Legers Regiment in Ludwigsburg dienen durfte, war am 7. September bei Mozaisk gefallen. Niemand wußte, wo Mozaisk lag. Erst Jahre danach hörte man, daß es ein Nachbarort von Borodino

sei, wo die Russen in einer mörderischen Schlacht ein letztes Mal versucht hatten, dem Napoleonischen Heer den Weg nach Moskau zu verlegen. Man hörte auch, daß die Württemberger sich dabei besonders ausgezeichnet und Napoleons Bruder, den König von Neapel, aus russischer Umzinglung befreit hatten.

Viel später erst wurde bekannt, daß es schon vorher heftige Gefechte gegeben hatte und daß möglicherweise schon vorher einzelne Schwenninger gefallen waren. Denn die beiden Jägerfußbataillone, bei welchen der Uhrmacher Hansjakob Haller und der Taglöhner Johannes Jauch dienten, hatten schon bei der Erstürmung der Festung Smolensk starke Verluste erlitten, ebenso Hansjerg Käfers Infanteriebataillon Nr. 4 und das 4. Infanterieregiment, bei welchem der junge Chirurg Conrad Rapp als Krankenträger eingesetzt war. Von diesen vieren kam jedenfalls nie eine Nachricht in die Heimat.

Nur von den beiden Danzigern hörte man zwischendurch wieder. Der Erhard Link hatte Anfang Juli, bald nach dem Übergang über den Njemen, auf einem Elendsmarsch, bei dem unter vielen Unglücklichen auch der württembergische Kronprinz todkrank liegengeblieben war, die Ruhr bekommen und war nach Kowno zurückbefördert worden. Sein Korporal, der Wilhelm Hafner aus Seitingen, hatte davon nach Hause geschrieben, und sein Vater hatte die Nachricht im Oktober nach Schwenningen gebracht. Der Korporal berichtete von unsagbaren Strapazen, vom ständigen Hunger und von so großer Verzweiflung, daß schon manche Soldaten sich das Leben genommen hätten. Der Jakob Müller sei aber wieder gesund und bei der Kompanie.

Zur selben Zeit verdichtete sich das Gerücht, die Russen hätten Moskau angezündet, und der Krieg sei verloren. Aber erst im Januar, als die ersten Überlebenden in der Heimat eintrafen, wurde es klar, daß von den 14 000 Württembergern, welche zu Anfang ausmarschiert waren, nur knapp 350 sich im Sammellager Hohensalza zurückgemeldet hatten. Von Schwenningen war keiner dabei.

Nie wieder hörte man etwas von der Familie des Büchsenschifters Jäckle. Verschollen blieben auch die vier Ersatzleute, mit denen sie ausgezogen waren. Vermißt blieben die vier, welche beim Sturm auf Smolensk dabeigewesen waren. Verloren waren die acht übrigen – die drei Schustersbuben Caspar, Christian und Jakob aus drei verschiedenen Schlenker-Familien, der Schuster Jakob Rapp, einziger Sohn seiner Mutter Anna, der Weberssohn Johannes Palmtag, der Seiler Johannes Müller, Zweitältester des Adlerwirts, Erhard Birk, einer von fünf Buben des Richters Johannes Birk, und Johannes, der Sohn des Strumpfwebers Christian Benzing.

Jahre sollten vergehen, ehe das mehr als zwanzigfache Leid den Familien zur letzten Gewißheit wurde. Immer wieder schrieb Pfarrer Dahm an das Kriegsdepartement nach Stuttgart. Einmal, im Februar 1813, kam Bescheid: Jakob Müller vom Inf. Regt. 7 war im Militärspital zu Wilna gestorben. Bei allen anderen hieß die grausam kurze Antwort: »Vermißt!« Nach vier Jahren noch, im August 1816, traf ein vereinzeltes Schreiben ein: »Nach einem Auszug des eingekommenen Spital- und Krankenrapports ist den 14. November 1812 in dem Spital zu Wilna gestorben Erhard, Sohn des Paul Link, Händlers, und Maria, einer geborenen Speck, Soldat unter dem Linien Infanterie Regiment Nr. 7 unter Hauptmann von Hochstetter.« So waren also die beiden Kameraden, welche den gleichen entsetzlichen Schicksalsweg von Danzig nach Moskau und wieder zurück bis Wilna gegangen waren, im Sterben noch vereinigt gewesen.

Vier Monate nach ihrem Tod marschierte ein neues württembergisches Korps zu Napoleons neuer Armee. Unter den 11 617 Mann war auch wieder eine Schar von jungen Männern aus Schwenningen.

Die Angaben über die Teilnehmer am Feldzug 1812 in den hiesigen Kirchenbüchern und in den Akten des Staatsarchivs Stuttgart sind äußerst spärlich. Die Erzählung versucht, sie in einen Zusammenhang zu bringen. Personen- und Ortsnamen, Daten, Zahlen und amtliche Mitteilungen sind aus Urkunden, Berichte über den Feldzug aus gedruckt vorliegenden Tagebüchern entnommen. Die beiden Privatbriefe und der Bericht über das Schicksal der Familie Jäckle sind teils erfunden, teils nach mündlicher Überlieferung in meiner Familie frei gestaltet. Jedenfalls ist die Familie im Feldzug 1812 umgekommen.

1813

Die Böhmische Armee 26

12 000 Österreicher und Russen ziehen durchs Dorf

Das Heer der Verbündeten flutete über die Baar, dem Oberrhein zu. Sie wollten dem Franzosenkaiser den Garaus machen. Und doch hatten die Württemberger noch vor kurzem unter seinem Kommando gestanden, hatten gegen die Preußen und die Russen, ihre jetzigen Waffenbrüder, gekämpft. Im Mai bei Bautzen und im August bei Jüterbog hatten sie schwere Verluste erlitten. Unter den Quartiergebern im Dorf waren etliche Blessierte, die ihre Wunden den einquartierten Gästen verdanken mochten. Drei Schwenninger waren im sächsischen Feldzug gefallen: der Weber Jakob Klaiber, der Schusterssohn Martin Wirtner und Martin Birk, dessen Bruder das Jahr zuvor in Rußland umgekommen war. Ihre Angehörigen betrachteten die russischen Soldaten mit unverhohlenem Mißtrauen.

Erst nach der großen Völkerschlacht bei Leipzig hatte König Friedrich es gewagt, sich von dem glücklos gewordenen Eroberer loszumachen. Friedrich mußte allerdings seinen neuen Verbündeten 25 000 Soldaten zur Verfügung stellen, doppelt so viele, wie unter Napoleon zuletzt gekämpft hatten. Die zogen nun auch mit, nach Frankreich hinein. Doch was jetzt in Schwenningen Quartier suchte, das waren lauter Fremdländische, Österreicher und Russen.

Man hatte im Dorf genaue Weisung bekommen, wie man sich gegen die durchmarschierenden Truppen verhalten sollte. Der russische Oberbefehlshaber, Barclay de Tolly, hatte persönlich die Verpflegungsrationen bestimmt, die jedem Soldaten zustanden: täglich 2 Pfd Brot, 1 Pfd Kartoffeln, ½ Pfd Fleisch, ¼ Pfd

Grüz oder Hülsenfrüchte, dazu 1 Schoppen Wein oder ½ Maß Bier oder 1 Glas Branntewein; die Offiziere hatten 2 Pfd Fleisch zu beanspruchen. Aber niemand im Dorf hatte damit gerechnet, daß gleich auf einmal 1800 Infanteristen einrücken würden. Nun, die österreichischen Blauhösler hatten Verständnis gezeigt. Man hatte rasch noch Fourage von der Rottweiler Landvogtey bekommen und konnte so auch die zweite und dritte Einquartierung mit insgesamt 1400 Grenadieren noch verkraften. Dann aber, als 1800 Kosaken vom Corps Wittgenstein den Ort überschwemmten, gab es Mißhelligkeiten. Waren gleich die Soldaten anfangs mit Erdäpfeln und Schnaps zufrieden, so fraßen ihre Pferde doch täglich fast hundert Scheffel Haber. Und bald wollten die Soldaten bis zu viermal Fleisch am Tag – und immer Branntewein dazu. Das wurde ein schlimmes Weihnachtsfest! Erst am letzten Tag des Jahres zogen sie ab.
Dann gab es ständigen Ärger mit dem Großherzoglich-Baadischen General-Marsch-Commissariat in Villingen. Immer wieder schoben die drüben ganze Abteilungen, die ihnen nicht genehm waren, nach Schwenningen ab, während die badischen Orte in nächster Nähe unbehelligt blieben. Achtmal ritt der Richter Thomas Weyler hinüber, um im Auftrag des Tuttlinger Oberamtmanns dagegen zu protestieren. Die Antwort war bloß immer neue Einquartierung: 60 kranke Österreicher; russischer Artilleriepark mit 260 Pferden; 300 russische Artilleristen mit 500 Pferden.
Vogt Bürk meldete dem LandVogtey Amt: »Wenn dem Unfug des Villinger Marsch-Commissariats, alles hierher zu verlegen, nicht bald gesteuert werden kann, so ist der hiesige Ort mehr als zu Grunde gerichtet, und der größte Theil der Bürger ist ganz ausgezehrt und bleibt ihnen nichts übrig als davonzulaufen und alles im Stich zu lassen.« – Darauf bekam der Vogt Vollmacht, die Orte Thuningen, Mühlhausen und Weigheim mit heranzuziehen, sich von dort Haber und Heu zu holen. Aber bald hörte jede Unterstützung von auswärts auf; im Gegenteil, Schwenningen mußte beträchtliche Kriegsumlagen an Geld leisten, damit die

Magazine in Rottweil und in Tuttlingen wieder aufgefüllt werden konnten.

Fast jeden Tag wurden Fuhrwerke requiriert, und manche blieben dann wochenlang unterwegs. Einmal mußten 15 dreispännige Wagen Futter ins Rottenmünster bringen, einmal zehn vierspännige und neun zweispännige Wagen mit Verpflegung und Bagage zum Regiment Davidewitsch ins Höllental fahren. So fielen insgesamt mehr als 200 Fuhren an, und beinahe hundertmal mußte Vorspann geleistet werden. Am schlimmsten erging es dem Obmann Johannes Weyler, als er 14 Wagen für die russische Artillerie begleitete. Er dachte, in Donaueschingen könne er wieder umkehren. Aber sie schleppten ihn mit über den Rhein, und erst in Belfort gelang es ihm, sich bei einem Wachtmeister mit 50 Gulden loszukaufen. Auf dem Rückweg nahmen ihm dann preußische Soldaten drei Wagen weg, und ein vierter blieb in einem Eisloch stecken. Während er diesen mit Vorspann wieder herauszog, wurde ihm der allein gelassene von elsässischen Bauern gestohlen. Volle 15 Tage war der Johannes mit seinen Fuhrleuten unterwegs bei grimmiger Winterkälte.

Für die Jugend im Dorf war das ganze freilich eine abenteuerlich-aufregende Zeit. Was gab es da nicht alles zu bestaunen und zu verwundern! Da kamen Grenadiere der Regimenter Hessen-Homburg, Esterhazy und Collovrath, Balladinal- und Erzherzog-Ferdinand-Husaren, Graf-Argenteau- und Wallach-Illyrische Grenz-Infanteristen, Quartiermacher vom Regiment Graf von Erbach und vom Dieterischen schweren Artillerie-Corps, Don-Kosaken und württembergischer Landsturm, Jäger und Kürassiere, Schirrmeister und Büchsenmacher, Kriegskommissare und Regimentsärzte, Stabsoffiziere und Generale.

Und immer fiel die Schule aus, denn man brauchte das Schulhaus für Kranke und für Blessierte. Schon bald breitete sich unter den Soldaten das Nervenfieber aus. Strenge Weisung kam, ja keine Kranken in Privatquartiere aufzunehmen. Im Schulhaus wurden die Böden jeden Tag aufgewaschen, die Zimmer mit Mineralsäuren ausgeräuchert. Trotzdem sprang die Krankheit auch auf das

Dorf über. Es blieb nicht bei dem einen Russen, den der Totengräber heimlich beerdigen wollte. Immer häufiger läutete die Totenglocke für Männer, Frauen und Kinder.
Zu allem Unglück schleppten die Kriegsvölker auch noch die Hungarische Viehseuche in den Ort. Im neuen Jahr nahm das Viehsterben bedrohliche Formen an. Es gab Ställe, in denen kein einziges Stück Vieh erhalten blieb. Die Not und die Verzweiflung griffen um sich. Schon beim geringsten Anlaß gab es Streit.
So kam eines Tages ein russischer Offizier mit einem aufgeregten Quartiermacher zu den beiden Würthner-Brüdern. In der Wirtsstube saßen ein paar Männer ruhig beim Bier. Die beiden Russen schauten nur flüchtig herein und begehrten dann, die obere Stube zu sehen. Weil nun der Schlüssel nicht sofort bei der Hand war, wurde der Quartiermacher wütend. Kaum war die Türe aufgesperrt, da schlug er dem Johannes mit der Faust so hart an den Kopf, daß der Geschlagene zu Boden stürzte. Sein Bruder Jacob eilte herbei und bedrohte den rabiaten Kerl mit einem Stuhlfuß: Er lasse seinen Bruder nicht so unmenschlich mißhandeln. Während nun der Offizier ganz ruhig blieb und dem Johannes sogar seine Blessuren zeigte, stürzte der Quartiermacher davon und kam mit einem weiteren Offizier zurück. Der brüllte und tobte und trieb den Jacob mit Fauststößen und flachen Säbelhieben in der Stube herum. Auf das Geschrei hin rannten die Männer aus der Wirtsstube herbei. Da ließ der Tobende eine ganze Abteilung Soldaten vor das Wirtshaus rücken und drohte, alles zusammenzuschlagen und niederzubrennen. Schließlich liefen auch der Vogt, der Burgermeister und der Wächter aus dem Rathaus herbei, um nach dem Rechten zu schauen. Es gelang ihnen auch, einigermaßen Ruhe zu schaffen und den Offizier in ein anderes Quartier zu weisen. Doch warfen die Russen dabei auch den Burgermeister und den Wächter mit Stößen und Schlägen zum Haus hinaus und quälten den Jacob bis zur Todesangst.
Nachdem Mitte Mai die letzten Soldaten der 18. Einquartierung endlich den Ort verlassen hatten, schrieb der Schuster Johannes

Jauch in sein Tagebuch: »Den 1. Mai haben die Koßaken die Bürger so geblakt, daß man fast nicht hat können ausstehen. Es ist so weid komen, daß mann die Sturm Klocken geliden hat, daß mann mit Furken und Mist Gablen zu geschlagen und gestochen hat. O, ihr lieben Kinder, laßet nur kein Rußen mer und kein Koßaken in euer Land, denn das ist das böste Folk das zu finden ist. O ihr, wünscht euch nur Frid und kein Krieg, dann man hat seit 18 Jahren viel erfahren, da die Franzosen sind über uns afanzirt und riderirt. Sie haben geblindert und gestolen und gefressen und gesoffen und die Leute hart geblakt. Fride, Fride sei auf Erden nun im ganzen Vatter Land!«

Das hiesige Archiv gibt vielfältigen und sehr vereinzelten Einblick in die Drangsale, welchen die Einwohner und die Gemeindeverwaltung ausgesetzt waren. Rund zwölftausend Mann mußte der Ort damals aufnehmen und verköstigen; sechs Wochen lang dauerten die Durchzüge und Einquartierungen. Manchmal beherbergte der Ort ebensoviel Kriegsvolk wie Einwohner. Die notdürftigen Vorbeugungsmaßnahmen konnten Epidemien und Seuchen nicht verhindern; ein großes Vieh- und Menschensterben setzte ein.
Die Namen der Truppenteile sind ebenso verbürgt wie die geschilderte Szene in der Gassenwirtschaft (später »zum Storchen«) der Gebrüder Würthner. Besonders aufschlußreich über die Stimmung unter den hiesigen Bürgern ist das Tagebuch des Schusters Johs. Jauch, das seine Nachkommen (Jauch-Gula) zur Veröffentlichung freigegeben haben.

1817

27 Notzeit – Brodzeit

Das zweijährige Elend nimmt ein Ende

Auf dem Sturmbühl stellte der Festzug sich auf. Frohglänzende Augen überall, Sonntagskleider mitten in der Woche, hellklingende Stimmen, – endlich wieder nach all den Monaten dumpfer, stumpfer Verzweiflung. Darüber Sonnenschein, Wolkenflug, Erntewind. Sechsspännig der vordere Wagen, auf Eichenberg hochauf beladen mit Dinkel, ringsum geschmückt mit Laub und mit Blumen. Obenauf standen zwei Schnitter in Festtracht, hielten die Ehrengarbe aufrecht zwischen sich, auch die Garbe umwunden mit bunten Bändern und Blütengirlanden. Vor den Pferden standen drei Burschen, Blondschöpfe alle drei. Der mittlere schwenkte ein Fähnlein; die beiden zu seiner Seite trugen Blumenkränze schräg über die Brust gehängt. Dem Wagen folgte die weibliche Jugend des Dorfs, im Sonntagshaiß alle, Kornblumen im Haar, Ährensträuße im Arm.
Dann kam der zweite Wagen, beladen mit Roggen, sechsspännig auch er und über und über geschmückt. Drauf saßen zwei blitzsaubere Anträgerinnen und stützten die zweite der Opfergarben. Und hintennach drängten fünfhundert Schulkinder, und alle hatten sich Blumen angesteckt, am Mieder die Mädchen, am Hosenträger die Buben. Schulmeister Römer und seine Provisoren hatten alle Hände voll zu tun, die quirlige Schar beisammenzuhalten.
Aber jetzt fingen die Kirchenglocken zu läuten an. Der Schulmeister gab das Zeichen, und hellauf erklangen die Kinderstimmen: »Geh aus mein Herz und suche Freud . . .«. Der Zug setzte sich in Bewegung, die Fuhrleute knallten mit ihren

geflochtenen Peitschen, die Wagen ruckten schwankend an, und die jungen Burschen juchzten an den Häusern hinauf, aus deren Fenstern die Alten schauten.
Überall standen die Leute und winkten dem Zug entgegen. Vor der Kirche warteten sie zu Hunderten, bis die Wagen unter Glockengeläut vor der Tür hielten. Am Ende drängte der ganze Zug in die Kirche; nur die Fuhrleute und die Roßbuben blieben lieber draußen. Pfarrer Dahm konnte sich freuen. So voll war die Kirche seit Jahren nicht gewesen, so hochgestimmt seine Gemeinde noch nie. Mit vollen Akkorden griff der Schulmeister in die Orgel zum ersten Choral: »Lobt Gott in allen Landen und laßt uns fröhlich sein, der Sommer ist vorhanden, die Sonn gibt hellen Schein; der Winter ist vergangen, das Feld ist voller Frücht, die wir von Gott empfangen, wie man vor Augen sieht.« Das wurde ein volltönender Lobgesang, während man die Festgarben feierlich zum Altar trug. Die Not, die schreckliche Not der vergangenen anderthalb Jahre, ging zu Ende, und die Herzen der Überlebenden waren voll von Dankbarkeit.
Die Predigt rief die ganze Zeit noch einmal in die Erinnerung zurück, den harten, langen Winter 1815/16, die anschließende Frühjahrstrockenheit und den verregneten Sommer; das Heu, das auf den Wiesen verdarb; die Frucht, die unter den täglichen Gewitterstürmen knickte und nicht reifen konnte; die Erdäpfel, die in der Nässe verfaulten. Und dann war im Oktober der Schnee gekommen und war nimmer gewichen und hatte das Öhmd und die späte Frucht und die Erdäpfel zugedeckt. Noch im Jänner hatten die Leute nach den halbverfaulten, erfrorenen Erdäpfeln gewühlt, hatten Mausnester aufgegraben, um da oder dort eine Handvoll Körner zu finden. Ach, ihr Pfarrer brauchte ihnen das nicht wieder aufzuzählen. Sie hatten es durchgelebt und durchgelitten, Tag um Tag, Woche um Woche, Monat um Monat und von einem Jahr ins andre hinein. Sie hatten an Gottes Güte und Allmacht gezweifelt, sie hatten ihn vergeblich angefleht, seinen Zorn von ihnen zu wenden. Kein Erbarmen war sichtbar geworden, alle Hoffnung war ihnen zerronnen, als auch

das Frühjahr 1817 mit Schneestürmen und Wassergüssen eingesetzt hatte.
Doch dann, im Mai, war die Wende gekommen, und ein guter Sommer hatte ihnen neue Hoffnung gebracht. Noch hatte die Teuerung fortgedauert, aber das große Sterben hatte aufgehört. Garten und Feld hatten Gemüse und Beeren geliefert, den schrecklichen Hunger zu stillen; König Wilhelm und Königin Katharina hatten Sorge getragen, alle Mißstände in der Versorgung der Armen zu beheben. All dem hingen ihre Gedanken nach, während ihr Pfarrer auf der Kanzel droben sich anschickte, Gottes gnädige Hilfe zu preisen und ihm den Dank zuzutragen, den sie alle im Herzen bargen.
Draußen dann, nach dem Schlußgebet, gingen sie in freudig erregten Gruppen und setzten des Pfarrers Gedanken fort. Die Mütter sprachen von ihren verwichenen Sorgen, die hungrigen Mägen zu füllen. Erst noch hatten sie Kleiebrot gebacken; dann hatten sie's versucht mit drei Viertel zerschrotetem Stroh und einem Viertel Mehl. Dann hatten sie ein Mus gemacht aus aufgetauten, süß gewordenen Erdäpfeln, Ölkuchen und gemahlener Baumrinde. Sie hatten Rübkraut verkocht, Hasenohren und Pfifferlinge dazugegeben. Am schlimmsten war's dann im Winter geworden. Da hatte zwar ein Professor im Unterland ein Holzbrot erfunden: Sägmehl aus Tannen-, Buchen-, Birken- und Ahornholz, gemischt mit Kleie, geriebenen Angersen und ein wenig Brotmehl. Aber ums Dorf gab's fast nur Tannen, und Kleie und Mehl waren für arme Leute bald unerschwinglich geworden. Da hatten sie dann Wurzeln gegraben, um Saufutter gebettelt und um das übrige Blut, wenn irgendwo geschlachtet wurde. Im Frühjahr war's dann etwas besser gewesen: sie hatten Sonnenwirbel und Brennesseln verkocht und Rauhdisteln und Gras. Aber es gab dazu weder Schmalz noch Salz und meist kein Stäublein Mehl.
Dort vorne ging Vogt Weyler mit Andres Maute, dem Heiligenpfleger. Was hatten die beiden sich gemüht, dem Elend der Armen zu steuern. Anfangs hatten sie Korn und Haber aus dem

Fruchtkasten verteilt, solange noch etwas vorhanden gewesen war. Dann hatten sie sich wieder und wieder an die Kellerei Tuttlingen gewandt und um Hilfe gebeten, und man hatte ihnen einen Teil des Amtsschadens erlassen. Dann hatten sie jede Woche Lebensmittel gesammelt bei den Bauern im Flecken, Milch und Eier und Mehl, und an die Armen verteilt. Vierhundert Leute waren so unterstützt worden. Für einige wenige hatte der Faktor Erhard Benzing zusätzliche Arbeit durch Seidenkämmen verschaffen können. Trotz allem hatte fast jeder Dritte im Dorf ein ganzes Jahr hindurch schrecklichen Hunger gelitten, denn es war ja den Armen rein unmöglich geworden, sich etwas Eßbares zu kaufen, da die Preise mit jedem Monat gestiegen waren, bis ein Viertel Kernen acht Gulden, das Siebenfache des früheren Preises, ein Viertel faule Bohnen drei Gulden gekostet hatte. Kochgerste und Linsen waren zum Schluß überhaupt nicht mehr zu kaufen gewesen.
Der Vogt und der Heiligenpfleger hatten aber auch, Gott sei's geklagt, nicht verhindern können, daß einzelne Bauern ihren Überschuß um ein Sündengeld nach auswärts, ja sogar in die Schweiz verkauften, bis König Wilhelm jeglichen Kornwucher bei Strafe verboten hatte. Trotzdem waren viele Leute an Auszehrung und Entkräftung und in Verzweiflung gestorben. Namentlich unter den Kindern hatte der Tod gewütet.
Die Blicke der beiden Männer folgten einer abgehärmten Frau, welche rasch der Menge enteilte. Vergangenen Sommer hatte ihr Mann, der Schuster Schlenker, sich das Leben genommen, weil er den hohlwangigen Hunger seiner drei Kinder nicht mehr hatte mitansehen können. In seiner Scheuer hatte er sich erhängt. Fünf Tage später hatte sein Nachbar es ihm nachgetan. Der hatte nach dem großen Viehsterben Geld aufgenommen, und in der Notzeit hatten ihn seine Gläubiger bedrängt; da er aber auf seinen Feldern nur Mißwachs gefunden, war er verzweifelt. Und abermals vier Tage später hatten sie seinen Vater an derselben Stelle vom Strick geschnitten. Der Kummer und die Schande hatten auch ihn in den Tod getrieben. Alle drei waren sie ohne

Geläut und Gesang in der Stille in einer abgelegenen Ecke des neuen Friedhofs vergraben worden.
Den hatte man im ersten Hungerjahr am Ortsrand anlegen müssen, weil der ummauerte Platz an der Kirche die vielen Seuchentoten nicht mehr hatte fassen können. Dort, auf dem neuen Gottesacker, zwischen den Reihen der frischen Kindergräber, stand jetzt der Unteramtsarzt Dr. Laib mit seiner Frau Eleonora und seinem zweijährigen Kind; auch die Pfarrfrau, die Godde der kleinen Anna Christina, war bei ihnen. Den Arzt hatte es nach der Predigt hierher getrieben, wo alle die Menschen begraben lagen, denen seine ärztliche Kunst nicht mehr hatte helfen können. Allein 50 Kindergräber waren in den beiden Hungerjahren aufgeworfen worden. Schicksalsschwere Jahre hatte er in dieser Gemeinde erlebt, und er hatte die Not fast jedes einzelnen Kranken bis zum letzten Atemzug mit durchgekämpft. Jetzt sann er stumm ihren Schicksalen nach. Da rührte ihn seine Frau am Arm und deutete auf die nächsten Häuser am Ortsrand. Da eilten die ersten Leute bereits wieder im Arbeitskleid aus den Türen, trugen Sicheln und Garbenbänder in ihren Händen. Neues Leben regte sich wieder im Dorf.

Die Kirchenkonvents-Protokolle und des Schusters Johannes Jauch ungelenker Aufschrieb berichten Einzelheiten über die Hungerjahre, das Totenregister der Kirche gibt weitere Auskünfte; so sind die meisten Einzelheiten verbürgt, auch vom Dankfest.

1825

28 Der König kommt

König Wilhelm I. besucht die Saline Wilhelmshall

Das ganze Dorf war in Aufregung. Der König hatte seinen Besuch angesagt. Diesmal wollte er allein kommen. Erst vor zwei Jahren war er mit Königin Pauline dagewesen, um sich persönlich nach den ersten Salzbohrungen zu erkundigen und einmal direkt von der Neckarquelle zu trinken. Man war damals im Dorf so begeistert gewesen, daß der Gemeinderat ernstlich geplant hatte, zum Andenken ein Monument neben der Quelle zu errichten. In bescheidener Sparsamkeit und in der Hoffnung, daß die Regierung das Denkmal selbst aufstellen würde, hatte man dann aber davon abgesehen.

Diesmal nun gab es nicht wenige Leute, welche mit heimlichem Bangen auf den Landesvater warteten. Im Nachbardorf, in Dauchingen drüben, war man sogar wütend, brachte der Staatsbesuch doch eine Menge zusätzlicher Arbeit. Auf Befehl des Großherzoglich Badischen Bezirksamts Villingen nämlich mußten 50 Mann die breiten und tiefen Gräben wieder einebnen, welche die Gemeinde erst ein Vierteljahr zuvor unterm Schopfelebühl quer über die Römerstraße hatte ziehen lassen, um den Schwenninger Salzfuhrwerken den zollfreien Weg nach Rottweil zu verlegen. Obwohl die meisten Salzfuhren gar nicht nach Rottweil, sondern über Villingen in die Schweiz gingen und dabei beträchtliche Zollgebühren liegenließen, hatte es den großherzoglichen Zoller in Dauchingen verdrossen, daß die Salzer, anstatt am hellichten Tage durch seinen Ort zu fahren und dabei zu bezahlen, heimlich des Nachts den näheren Weg über die alte Heerstraße benützten, wodurch er gezwungen gewesen war, dort

Nacht für Nacht Wache zu stehen. Da hatte er dem Bezirksamt vorgeschlagen, kurzerhand die Heerstraße unpassierbar zu machen, und seitdem hatte er seine Ruhe gehabt. Jetzt mußte das alles wieder zugeschüttet werden, nur damit die württembergische Majestät bequem nach Schwenningen reisen konnte. Danach würden sie aber die Gräben bestimmt wieder aufreißen. Auch in Schwenningen selbst waren nicht alle Menschen glücklich über den Besuch. Sogar Herr Friedrich von Alberti, der Salinenverwalter, der doch insgesamt stolz sein konnte auf seine bisherigen Erfolge, hatte ein bängliches Gefühl. Bei der vorletzten, der sechsten Bohrung, im Gewann Kuhbühl, war es passiert, daß plötzlich die Neckarquelle gänzlich versiegte, und bisher war es noch nicht geglückt, sie wieder hervorzulocken. So war der Gedenkstein, welchen Herzog Ludwig anno 1581 dort hatte aufstellen lassen, sinnlos geworden, und man hatte ihn beiseite geschafft. Bestimmt würde Majestät fragen, wo nun der Neckar eigentlich herkam.
Mehr noch mußte der Schultheiß Weyler mit der königlichen Ungnade rechnen. Die Beziehungen zwischen der Gemeinde und der Salinenverwaltung hatten sich nicht zum besten entwickelt. Offensichtlich paßte es den großen Bauern im Gemeinderat gar nicht, daß da nun königliche Beamte in ihrer Gemarkung saßen, die nicht ihrer Gerechtsame unterstanden. Der Schultheiß hatte sich einmal sogar beim Oberamt darüber beschweren wollen, daß der Salinenverwalter seinen Arbeitern zur Einweihung in der »Krone« ein Fest mit Essen und Tanz gegeben hatte, ohne ihn vorher um Erlaubnis zu fragen. Er hatte sich dann sagen lassen müssen, daß das Fest auf Geheiß seiner Majestät des Königs abgehalten worden sei, daß der Oberamtmann daran teilgenommen habe und daß ihn die Arbeiter der Saline rein gar nichts angingen. Vor allem aber hatte Herr von Alberti sich schon wiederholt beim Königl. Bergrat in Stuttgart beschwert, daß die Gemeinde die Wege für die Holzanfuhr und den Salztransport nicht in passablen Zustand versetze, wozu sie doch vertraglich verpflichtet war.

Ein ganz schlechtes Gewissen hatten etliche hundert Bürger. Es waren nämlich erst zwei Wochen vergangen, seitdem sie des Nachts gewaltsam in die Saline eingedrungen waren, um Salz zu stehlen. Einer der Sieder hatte ihnen verraten, zu welcher Stunde die Mutterlauge abgelassen werden sollte. Den Salinen war es ärztlich verboten, Lauge abzugeben, weil sie Giftstoffe enthielt; deshalb wurde sie in Sickergruben weggeschüttet. Die Leute wußten aber, daß sie noch viel Salzgehalt hatte. So waren sie mit Eimern und Kübeln gekommen, hatten die beiden Nachtwächter und die fünf Sieder, welche das Ablassen überwachen sollten, beiseite gedrängt und dann nicht bloß die ganze Mutterlauge aus der Grube geschöpft, sondern auch noch die Fenster zum Siedhaus eingeschlagen, um dort die Sole aus den Pfannen zu holen. Es war zu einer Schlägerei gekommen, welche bis gegen zwei Uhr in der Nacht gedauert hatte. Hinterher waren sechs Mannsbilder und vier Weibsleute mit mehrtägigem Eintürnen bestraft worden.
Auch unter den Salinenarbeitern gab es etliche, welche des Königs Besuch mehr fürchteten als herbeiwünschten. Da war der Siedmeister Vogt. Der war einmal im Bett liegen geblieben, anstatt des Nachts die Sieder zu visitieren. Da hatten diese das Ausziehen verschlafen und hinterher das Salz unausgewaschen ausgeworfen. Am andern Tag hatte der Inspektor zwar das Salz oben in den Körben vorzüglich schön befunden, darunter aber ein schmieriges, rotes Zeug, welches wieder aufgelöst werden mußte. Natürlich hatten sie dafür bezahlen müssen. Einen der Sieder hatte die Gemeinde zweimal 24 Stunden eintürnen müssen, weil er zum wiederholten Mal gänzlich betrunken im Siedhaus angetroffen worden war, was für ihn eine ebenso große Gefahr bedeutete wie für die Saline. So gab es noch mehr Leute, welche etwas auf dem Kerbholz hatten.
Trotzdem wurde alles aufs festlichste gerichtet. Schon an der Landesgrenze, beim Schopfelewäldle, stand eine Ehrenpforte, mit grünen Girlanden umwunden und mit schwarzroten Fähnlein besteckt. Dort wollten die Ortsvorsteher den hohen Gast

empfangen. Alle Häuser im Ort, an denen die Staatskarosse vorbeirollen mußte, waren mit Tannensträußen behangen. Überall wurde der Frühjahrsdreck sorgfältig von den Gassen gekratzt und alle Weglöcher mit Sand eingeebnet. Am Ortseingang auf der Bitz sollten die Schulkinder mit dem Schulmeister und den Provisoren sich aufstellen. Der Salinenverwalter mit den beiden Inspektoren, dem Bergkadetten, dem Kassierer, dem Salzschreiber, dem Siedemeister und dem Kunststeiger würden Majestät am Eingang zum Gelände begrüßen, während die 40 Arbeiter fleißig ihrem Werk nachgehen sollten, damit der König die Saline im vollen Betrieb sehen konnte.

Es gab dann am 15. April nur erfreute Gesichter und anerkennende Worte. Niemand fragte nach den Salzdieben, niemand beklagte sich über schlechte Straßen. Der neue Brunnen im Salinenhof, von der Rietenquelle her gespeist, sprudelte aus seinen zwei Röhren so viel klares Wasser, daß es auch niemand einfiel, nach dem verschwundenen Neckarursprung zu forschen. Herr von Alberti durfte das ganze Gefolge durch das Salinengelände führen. Man besichtigte die vier Siedhäuser, in welchen das Holzfeuer unter den Pfannen hellauf loderte; man ging durch das große Salzmagazin mit der Packerei, durch die Küblerei und die Schmiede; man ließ auch den Holzgarten und die neuen Torfmagazine nicht aus, nicht einmal den Pferdestall, das Wasch- und das Backhaus. Durch die Obstbaumwiese und den Gemüsegarten ging man ins dreistökkige Beamtenhaus, von dessen oberem Stockwerk aus der König auch die beiden Bohrstellen im Veesenwald und auf dem Moos erkennen konnte. Dort wurde die Sole mit Pferdegöpeln hochgepumpt und floß dann in einer langen Holzdeichelleitung zu den eingetieften Solebehältern neben dem Siedhaus. Auf die Frage, weshalb man denn nirgends ein Salzfuhrwerk zu sehen bekomme, erfuhren die Herren, die Wagen würden bei Nacht beladen, dann um drei Uhr in der Frühe nach Schaffhausen oder nach Ludwigshafen am See geführt, von wo das Salz per Schiff in die Schweiz ging.

Bergrat Mayer berichtete kurz, daß mit der badischen Regierung bereits Verhandlungen angeknüpft worden seien wegen einer Straße von Dürrheim nach Donaueschingen. Schultheiß Weyler benützte die Gelegenheit, darauf hinzuweisen, auf die Dauer sei es unumgänglich, auch nach Rottweil eine neue Straße zu bauen, die dann ganz auf württembergischem Territorium verlaufe. Inzwischen hatte man in der geräumigen Wohnstube des Salinenverwalters Platz genommen, und Frau von Alberti ließ einen einfachen Imbiß reichen. Ihr Mann berichtete stolz, man habe im verflossenen Etatjahr schon über 4300 Tonnen Salz ausgesotten, und davon seien über 3500 Tonnen in die Schweiz geliefert worden. Die Rede wandte sich auf die wirtschaftliche Bedeutung der Saline für die Gemeinde Schwenningen, und der Schultheiß mußte dankbar anerkennen, daß die Beschäftigung von 40 Salinenarbeitern, der Torfverkauf, der Zuverdienst mehrerer Handwerker im Ort und nicht zuletzt die Einkünfte der Fuhrleute viel dazu beitrügen, die übergroße Armut der Bevölkerung allmählich zu beheben. Doch wollte er Seiner Majestät das Wohl der so weit abseits gelegenen Gemeinde auch für die Zukunft ans Herz gelegt haben. Das wurde ihm huldvoll versprochen, ehe der König und sein Gefolge wieder Abschied nahmen und Rottweil zufuhren, um den Stand der dortigen Salzgewinnung zu erkunden.

Die Tatsachen entstammen alle dem Buch von Günter Schulz: »Geschichte der ehemaligen Königlich Württembergischen Saline Wilhelmshall bei Schwenningen am Neckar 1823–1865«, 1967 erschienen.

1828

29 Die Veesenreicher

Philipp Mehne gewinnt einen zwölfjährigen Prozeß

Zu dritt fuhren sie am frühen Morgen nach Tuttlingen – Chirurgus Matthias Rapp, seit drei Jahren Schultheiß zu Schwenningen, Bürgermeister Andreas Mauthe und Heiligenpfleger Philipp Mehne. Heute sollte das Definitiv-Urteil des Königlichen Obertribunals durch den Oberamtmann verkündet werden; sie waren dazu bestellt worden. Noch wußten sie nicht, wie ihr Prozeß ausgegangen war, aber der Schultheiß und der Bürgermeister waren guter Dinge. Ihr Rechtsanwalt, der Oberjustizprokurator Hofacker, hatte aus Stuttgart geschrieben, seine letzte Klagschrift mit den eindeutigen Zitaten aus dem alten Lägerbuch von 1570 scheine die Richter überzeugt zu haben.

Der Philipp blieb zurückhaltend. Er hing seinen Erinnerungen nach. Schon vor 36 Jahren war er zum Vorkämpfer für viele Menschen im Dorf geworden, welche unter der Willkür und dem Eigennutz der Mächtigen zu leiden hatten. Er war damals gerade von der Wanderschaft zurückgekommen, als die Ideen der Französischen Revolution im Dorf zu rumoren begannen. Die Taglöhner wollten die Absetzung des alten Amtmanns Schuler ertrotzen. Er hatte ihnen geraten, sie sollten lieber zuwarten, bis der Schuler von selbst abtreten würde.

Einige Jahre später war er zum Heiligenpfleger und damit zum amtlichen Fürsprech der Ortsarmen bestellt worden. Er hatte als Deputierter der Kleinbauern und der Taglöhner die gerechte Verteilung der Allmandstücke, um die vorher so lange und so vergeblich gekämpft worden war, durchgesetzt. Er hatte vor dem Ruggericht über die ungerechte Belastung der Kleinhäusler

während der französischen Einquartierung geklagt. Er hatte anno 1797 nach des Amtmanns Tod 248 Unterschriften gesammelt, damit in Zukunft der Vogt nicht mehr vom Gemeinderat, sondern von der gesamten Bürgerschaft gewählt würde. Damals hätte sich kein Bürgermeister und kein Schultheiß mit ihm in die gleiche Kutsche gesetzt.
Jetzt erinnerte er seine Begleiter daran, daß sein Kampf um den Veesenwald nun schon bald 30 Jahre dauerte. Bereits anno 1800 hatte die herzogliche Rentkammer gegenüber dem Oberamt zugeben müssen, daß es sich bei der Streitsache um »eine lagerbüchliche Gerechtigkeit der Commun« handle. Er war dann anno 1806 selbst nach Tuttlingen geritten und hatte sich das Lagerbuch von 1703 zeigen lassen. Darin hatte er klipp und klar gelesen, daß einstens 74 Schwenninger Bürger das Recht hatten, ihr Bau-, Reparatur- und Brennholz aus dem Veesenwald zu holen, wofür jeder vier Viertel Veesen Villinger Meß zu reichen hatte, wofern bei ihm Haus und Scheuer unter einem Dach stunden. Nur einzelne wenige reichten das Doppelte, weil bei ihnen die Scheuer extra gebaut war. Inzwischen hatte sich die Zahl der Veesenreicher zwar verdoppelt, aber die Rechte und die Abgaben dafür hatten sich nicht geändert.
Das wußten die beiden Zuhörer. Sie wußten auch, daß schon seit vielen Jahrzehnten die staatlichen Forstleute immer wieder Stämme aus dem Veesenwald nach auswärts verkauft hatten und deswegen mehrere Gesuche Schwenninger Bürger um Aufnahme in das Holzrecht abgeschlagen worden waren. Sie wußten auch, daß sie kein Brennholz mehr holen durften, seitdem anno 1806 in Rottweil ein Königliches Forstamt eingerichtet worden war und ein staatlicher Revierförster den gemeindlichen Waldinspektor Mauthe abgelöst hatte.
Der Heiligenpfleger mußte den beiden anderen noch einmal genau erzählen, wie er einstens versucht hatte, den Förster Antonii samt seinem Waldschütz aus dem Veesenwald zu jagen, weil diese seiner Meinung nach dort nichts zu suchen hatten, obwohl das Kaufholz seit eh und je herrschaftlicher Besitz

gewesen war. Ein anderes Mal hatte der Förster sogar den Landjäger mitgebracht; der sollte den Mehne verhaften, weil er den Verkauf von Brennholz verhindern wollte. Das Forstamt hatte ihm schließlich angedroht, man werde jeden weiteren Eingriff in die staatliche Forstverwaltung mit empfindlicher Geldstrafe ahnden. Den Philipp hatte das allerdings wenig angefochten, hatte er doch bisher seine verschiedenen Fahrten nach Tuttlingen, Rottweil, Tübingen und Stuttgart meist aus eigener Tasche bezahlen müssen und auch einen Teil der Prozeßkosten vorgeschossen, obwohl er nicht zu den vermögendsten Bürgern zählte.

Der Andreas fragte ihn, ob denn in dem alten Lagerbuch verzeichnet stehe, wie die Schwenninger einstens zu ihrem Recht und zum Holzveesen gekommen seien. Der Philipp mußte das verneinen, hatte aber seine eigenen Gedanken darüber. Er meinte, da der Veesen ursprünglich in Villinger Meß zu reichen war, müsse die Gerechtigkeit auf eine Zeit vor 1570 zurückgehen, als im Ort noch die Villinger Maße galten. Das sei aber seines Wissens zuletzt im Bauernkrieg so gewesen. Er könne sich wohl denken, daß anno 1525, nachdem das Dorf von den Villingern niedergebrannt worden war, die österreichische Regierung, welche ja für Villingen und für Schwenningen zu sorgen hatte, den abgebrannten Bauern die Erlaubnis gab, das Holz für den Wiederaufbau ihrer Häuser aus dem herrschaftlichen Kaufholz zu schlagen. Man brauchte sicher auch damals schon mindestens hundert Stämme, um ein Haus ganz aus Holz zu bauen. Und da Schwenningen damals etwas mehr als 40 Häuser zählte, brauchte man, wenn man die kleineren Nebengebäude dazurechnete, überschlägig an die 5000 Stämme. Soviel konnten die Bauern aus ihren eigenen Wäldern unmöglich holen. Also mußte die Herrschaft einspringen, die sich dafür dann den jährlichen Holzveesen sicherte.

Die beiden Zuhörer meinten, so könnte es wohl gewesen sein, und der Philipp sei doch ein gescheiter Kopf, daß er sich das alles so fein ausgetüftelt hatte. Bald darauf fuhr ihre Kutsche vor dem

Oberamt vor. Der Bürgermeister gab dem Roßknecht noch die nötigen Anweisungen, dann betraten sie erwartungsvoll die Amtsstube. – Es dauerte nur eine knappe Stunde, bis die drei Männer wieder aus dem Tor traten. Alle drei strahlten vor Siegesfreude. Der Prozeß des »Keßlers Philipp Mehne aus Schwenningen« gegen den württembergischen Staat war nach fast zwölfjähriger Dauer endgültig gewonnen.
Der Philipp merkte nicht, daß der Schultheiß dem Roßknecht ein Zeichen gab, daß dieser für einen Augenblick um die nächste

Ecke bog und daß gleich darauf ein Reiter davonsprengte. Die drei kehrten noch für eine Weile in den »Roten Ochsen« ein, um ihren Sieg zu feiern und sich für die Heimfahrt zu stärken.
Unterdes war der Reiter schon unterwegs, Schwenningen zu. In Thalheim wechselte er sein Pferd, und bald nach Mittag schon sprang er vor der »Crone« daheim vom Sattel. Dem Pfarrer und dem Schulmeister, die ihre Fenster aufmachten, rief er nur das Wort »Sieg« zu, dann verschwand er in der Wirtschaft. Dort brachte seine Meldung die ganze Familie in Bewegung. Maria Mauthe, die Wirtin, lief in die Küche, den großen Wurstkessel anzuheizen. Ihr Sohn Christian, seit dem Tod des Vaters und des Großvaters schon frühzeitig zum Mann geworden, holte sich den Knecht, die Wirtsstube einzurichten. Die 15jährige Christina fing an, aus den zurechtliegenden Tannenzweigen Girlanden zu winden.
Der Bürgermeister hatte schon vor Tagen heimliche Anweisung gegeben, sofort nach Eintreffen des Siegesboten alles herzurichten für ein Fest. So ging nun auch sofort der Wächter von Haus zu Haus, die Veesenreicher für den Abend zu laden. Schon vor dem Futtern trafen sich der Älteste und der Jüngste unter ihnen mit dem Zimmermann Jäckle als dem Vertreter der Kleinhäusler, mit Obmann Mayer vom Bürgerausschuß und mit Gemeinderat Roller bei Pfarrer Dahm. Sie wollten ihr kleines Spiel nochmals durchproben, das der Pfarrer insgeheim verfaßt hatte. Jeder von ihnen hatte dem Heiligenpfleger zu Ehren einen Vierzeiler aufzusagen; das klappte ganz gut. Nur bei dem Sprechchor, der immer wieder zwischen den einzelnen Strophen ertönen sollte, haperte es noch. Aber schließlich klang es doch herzhaft und verständlich: »Ehre sei dem Manne, dem Ehre gebühret, der stets das Wort für uns alle geführet; Ehre dem Greise, dem biederen Mann, dankbar erkennend, was er uns gethan!«
Am Abend saß dann die Wirtsstube gedrängt voller Veesenreicher. Philipp Mehne vergoß beinahe Tränen der Rührung, als die sechs Sprecher im Arbeitshaiß mit Sägen und Äxten, Beilen und

Eintrag im Lagerbuch 1570:

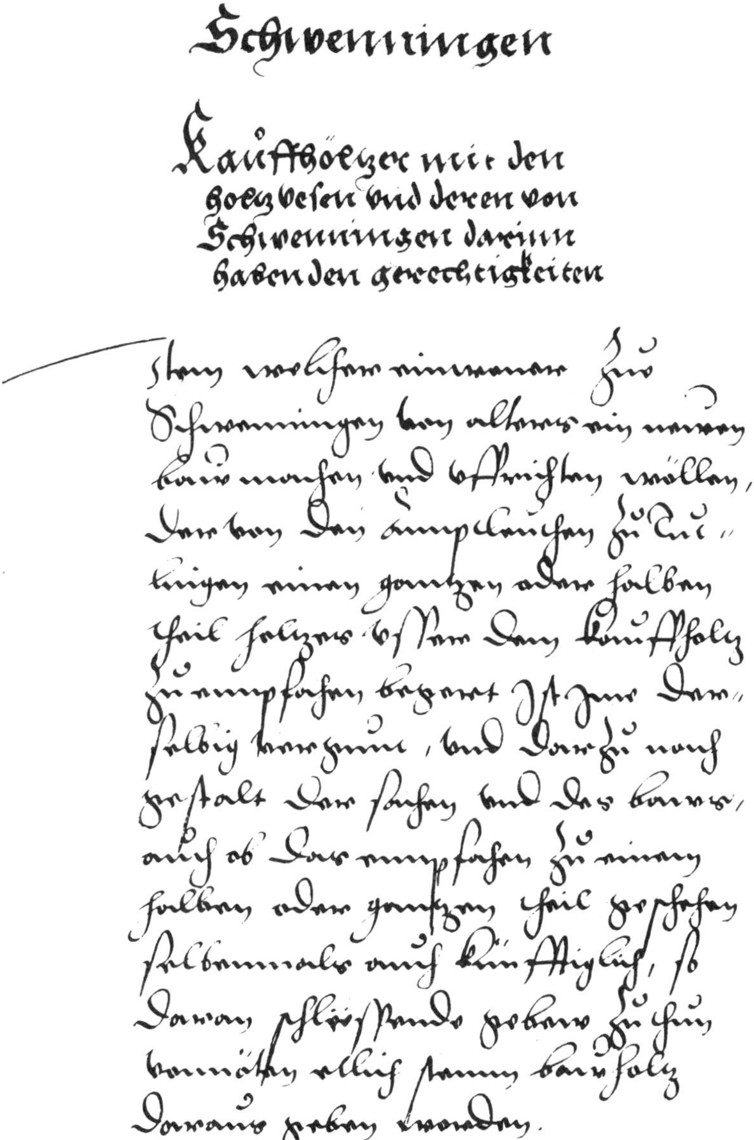
Schwenningen

Kauffhöltzer mit den
holtzwesen vnd deren von
Schwenningen darinn
haben den gerechtigkeiten

Item welicher ainer zu
Schwenningen von altem ain newen
bau machen und ufrichten wöllen,
der hat den amptleuten zu Tut-
lingen ainen gantzen oder halben
theil holtzes uß dem kaufholtz
zu empfahen begert. Ist ime das-
selbig vergunt, und darzu noch
gestalt der sachen und des baws,
auch ob der empfahen zu ainen
halben oder gantzen theil gesehen
selbmals auch künfftiglich, so
daran schliessende geben zu thun
vermöchten allich stamm bauholtz
daraus geben worden.

Widmern hinter ein paar aufgestellten Tannenbäumchen hervortraten und ihm den Dank der ganzen Gemeinde vortrugen. Als sie geendet hatten, flüsterte ihm der Pfarrer noch etwas ins Ohr. Da stand dann der alte Mann von seinem Ehrenplatz zwischen Schultheiß und Pfarrherrn auf und rief mit bewegter Stimme: »Meine Ehrenfesten Herren! Noch etwas: Es lebe der König!« Als aber das vielstimmige Hoch verklungen war, hob er sein Glas noch einmal, und es drang fast jubelnd aus seiner Brust: »Es lebe die Verfassung!« Weil es nun allen klar war, daß ohne die Verfassung, welche vor zehn Jahren beschlossen worden war, ein Prozeß gegen den Staat unmöglich gewesen wäre, sprengte der zweite Hochruf beinahe die Wände und brachte die Fenster zum Klirren.

Der Veesenreicherprozeß und die übrige Tätigkeit Philipp Mehnes in der Gemeinde sind durch Akten in Schwenningen und in Stuttgart vielfältig dokumentiert. Das kleine Festspiel wird in der hiesigen Heimatchronik aufbewahrt.

1840

Die Veteranenfeier

30

Der König ehrt seine alten Soldaten

Manch einem kam der Weg aufs Rathaus schon sauer an. Das rührte nicht bloß vom Alter her, sondern ebenso von den Blessuren, die sie damals erlitten hatten. Die Ältesten waren ja auch schon weit in den Sechzigern; da ging das Marschieren nicht mehr so flott wie zur Rekrutenzeit. Johannes Haller, der Bauer, und Jakob Würthner, der Schuhmacher, waren doch schon 1800 als Verbündete der Kaiserlichen gegen den Moreau mitgezogen. Sie hatten schon oft von ihren Gewaltmärschen zwischen Mannheim und Ulm, Salzburg und Pilsen erzählt, und wie der Johannes an jenem heißen Maientag nach einem fast 20stündigen Gefecht bei Wippingen auf der Blaubeurer Alb ohnmächtig zusammengebrochen war. Der Jakob gar wäre bei Schwenningen an der Donau um ein Haar in französische Gefangenschaft geraten, als des Nachts ein paar hundert feindliche Dragoner mit dem Säbel im Maul durch den Fluß geschwommen waren und ihr Pikett überfallen hatten. Beide hatten sie bei Kremsmünster den letzten Bissen Brot miteinander geteilt, als tagelang keine Verpflegung nachgekommen war und die Dezemberkälte ihnen hart zugesetzt hatte. Sie waren beide stolz darauf, daß der Erzherzog Karl in einem besonderen Armeebefehl zu Weihnachten die Württemberger als Beispiel für gute Haltung hingestellt hatte.
Auch jetzt marschierten sie, wenn auch leicht alterskrumm, hochgemut und im Feiertagsrock zusammen hinauf in den großen Gemeindesaal. Hatte doch der Amtsbote allen Veteranen ausgerichtet, sie sollten heute alle durch den Schultheißen eine Kriegsdenkmünze für ihre Teilnahme an den württembergischen

Feldzügen ausgehändigt bekommen. Da gehörten sie beide vornehin – nicht bloß, weil sie die Ältesten waren, sondern auch, weil sie es auf mehr Feldzüge als die andern gebracht hatten. Beide waren sie 1800, 1805 und 1809 im Feld gestanden, der Johannes auch noch anno 1806.
42 Namen hatte der Bote auf seinem Zettel gehabt, obwohl seit 1815 schon viele Veteranen gestorben waren. Heute, bei ihrem Ehrenappell, fehlte keiner von den Überlebenden. Sie setzten sich erwartungsvoll an die festlich gedeckten Tische. Schultheiß Koch hielt eine patriotische Rede. Er sprach von Mannesmut und Opferbereitschaft, von Heimatliebe und Treue gegen das württembergische Königshaus. Er forderte sie auf, der toten Kameraden zu gedenken, und verlas vor den Stehenden langsam die Namen der 38 Schwenninger, welche in den neun Feldzügen gefallen waren. Dann heftete er jedem einzelnen die Medaille an den Rock, während die jungen Sänger vom »Liederkranz« das Lied von Lützows wilder, verwegener Jagd anstimmten. Anschließend lud der Schultheiß sie alle ein zum Festessen, das von einem Schwarm festlich gekleideter Ehrenjungfrauen aufgetragen wurde.
Schnell zeigte es sich, daß am liebsten diejenigen zusammensaßen, die auch im Feld beieinander gewesen waren. So setzten sich der Nachtwächter Christian Voßeler und der Uhrmacher Johannes Schlenker zu den beiden Altveteranen, obwohl der Johannes viel jünger war als sie. Aber er war eben auch schon anno 1806 und 1809 dabeigewesen wie die beiden. Doch zuerst wollte der Jakob nochmals Erinnerungen an den Feldzug von 1805 auffrischen. Er schwärmte immer noch für den Napoleon. Bei dem hatte immer alles viel besser gezogen als bei den Kaiserlichen. Jeder Infanterist trug seinen Mantel und Tornister mit Ersatzschuhen, Fußlappen und Kochgeschirr bei sich und brauchte nicht erst auf die steckengebliebenen Wagen zu warten, wenn er abkochen oder die Schuhe wechseln wollte. Was man zum Essen brauchte, das wurde unterwegs requiriert. Und immer ging's zügig vorwärts, ehe noch eine Gegend kahlgeplündert war.

Es hatte anno 1805 auch keine schweren Gefechte gegeben für die Württemberger; an der Dreikaiserschlacht bei Austerlitz hatten sie nicht teilgenommen, weil sie nur die Verbindungslinien der Armee an der Donau entlang bis nach Linz zu sichern hatten. Und der Napoleon war so zufrieden gewesen mit dem württembergischen Churfürsten, daß er ihn zum König ernannt und ihm neben anderen Gebieten auch die Stadt Villingen geschenkt hatte. Nur schade, daß sie bald darauf badisch geworden war.

Jetzt wollte aber der alte Johannes Haller endlich auch zu Wort kommen. Er rief dem Uhrmacher über den Tisch hinüber zu, ob er sich noch an die Sache mit dem toten Oberleutnant von Lehsten erinnere. Als ihn die Umsitzenden zum Erzählen aufmunterten, fing er an zu berichten. Er und der Uhrmacher, der damals gerade erst 19 Jahre alt geworden war, seien 1806 dabeigewesen, als das württembergische Korps den Preußen ihre schlesischen Festungen Glogau und Breslau wegnahm. Dabei sei es vorgekommen, daß der Adjutant des Breslauer Festungskommandanten bei einem Ausfall tödlich verwundet wurde. Der Kommandant hatte noch am selben Abend gebeten, den toten Offizier auszuliefern. General Vandamme erklärte sich einverstanden. So wurde denn am nächsten Morgen Schlag sieben Uhr das Artilleriefeuer eingestellt. Die Jägerkompanie, bei welcher Johannes diente, eskortierte die Bahre mit dem Toten, der einen Lorbeerkranz um die Stirne trug, vor das nächste Tor; des Toten Bruder, der württembergische Hauptmann von Lehsten, war nämlich anno 1800 in ihrem Bataillon gewesen und gestorben. Vor der Zugbrücke erwartete sie der Kommandant, ein General. Schweigend warteten beide Abteilungen, während der Tote umgebettet wurde. Der General weinte, während er sich über die Leiche seines Adjutanten beugte. Dann bedankte er sich bei Oberst von Scharffenstein für die Ehre, welcher die Württemberger seinem Kameraden erwiesen hatten. Der Oberst erwiderte: »Der Tapfere muß den Tapferen ehren, auch wenn er sein Feind ist.« Mit gedämpftem Trommeln marschierten die beiden Abteilungen zurück. Kaum war die Zugbrücke hochgezogen, als

die Beschießung wieder begann. Drei Tage darauf hatte die Festung sich ergeben.
Der Uhrmacher konnte nicht umhin zu bemerken, die anschließenden Belagerungen von Schweidnitz, Neiße, Glatz und Kolberg seien aber viel strapaziöser gewesen. Sechs Monate fast immer unter freiem Himmel in Kälte und Nässe. Und schwere Gefechte. Am schlimmsten sei der Nachtangriff auf die zehn Schanzen überm Neißeufer bei Glatz gewesen. Der alte Johannes gestand, er sei damals froh gewesen, daß man ihn krank in die Heimatgarnison geschickt hatte. So hatte er erst 1809 wieder ausrücken müssen.
Bei dieser Bemerkung packte den Gemeinderat Kaspar Schlenker, der nur den Feldzug von 1809 mitgemacht und bisher still zugehört hatte, die Erinnerung so stark, daß er aufsprang und alle Kameraden, die mit ihm ausgerückt waren, aufforderte, ihr Glas zu erheben zum Gedenken an die ruhmreichen Taten des württembergischen Korps, aus dessen Reihen sich Napoleon damals seine Leibgarde bildete. Er rief nur den Namen »Eggmühl«, und alle wußten, daß er den Kampf um die Brücke meinte, in dessen Verlauf Napoleon zwei gewöhnliche württembergische Soldaten noch auf dem Schlachtfeld mit dem Kreuz der Ehrenlegion ausgezeichnet hatte. Zwölf Männer erhoben sich; aber noch ehe sie dem Kaspar zutrinken konnten, mahnte einer von ihnen, der Mauthe-Frieder, mit ernster Stimme: »Vrgessat mii'n Schuelkamerad, dr Kirchberger-Jakob, net; däar ischt drnoo z'Wien im Spital gschtoarba.« Da wurde der sieghafte Ehrentrunk zum stillen Totengedenken, wenn auch die zwölf so manches zu berichten gehabt hätten.
Nun wollte der Schultheiß wissen, wie viele Veteranen aus den einzelnen Feldzügen noch am Leben seien. Es stellte sich heraus, daß von 1800, 1805, 1806 und 1807 jeweils nur noch zwei da waren; von 1809 waren es zwölf. Aus Rußland war nach 1812 kein einziger mehr zurückgekehrt. Acht hatten 1813 bis zur Völkerschlacht bei Leipzig noch mit Napoleons Armee in Preußen und in Sachsen gekämpft. Die »jungen« Veteranen von

1814 und 1815 aber zählten 22 und 24 Männer, und die meisten waren beidemal nach Frankreich marschiert.
Hinterher trieb's noch ein paar, es dem Kaspar gleichzutun. Der Haller-Jakob, den es 1813 bei Jüterbog schwer erwischt hatte, trank dem Quattländer-Paul und dem Benzing-Martin zu, die bald danach bei Bautzen verwundet worden waren. Sie gedachten auch der vier Kameraden, die jetzt dort drüben in Soldatengräbern ruhten – Martin Bürk, Hansjerg Jäkle, Jakob Klaiber und Martin Würtner. – Jakob Stähle, der Gemeinderat, feierte alle tapferen Mitstreiter in den heißen Schlachten bei Brienne und bei Montereau anno 1814, in welchen die Württemberger mehr als die Hälfte der eingesetzten Truppen verloren hatten.
Schließlich faßte Michael Weyler, der Messerschmied, der als Artillerist 1815 am Suffelbach im Nordelsaß seine letzte Granate abgefeuert hatte, aller Gedanken und Gefühle zusammen, indem er auf die Gesundheit aller braven Veteranen ein Hoch ausbrachte. Dann stimmte der Liederkranz an: »Es gibt ja nichts Schönres auf Erden, als wie der edle Soldatenstand«, und schon beim zweiten Vers fielen alle begeistert ein. Noch einmal dankte ihnen der Schultheiß im Namen der Heimat für ihre treuen Dienste. Dann trugen sie stolz ihre Medaillen nach Haus.

Die Namen der 42 Veteranen sind in einer 1840 gedruckten »Veteranen-Chronik« erhalten. Dort sind auch die Feldzüge aufgeführt, an denen sie teilgenommen haben. Weitere Einzelheiten stammen aus den »Conscriptionslisten 1810–1813« im Staatsarchiv Ludwigsburg. Die Berichte über einzelne militärische Ereignisse sind dem Buch von Heinz Kraft »Die Württemberger in den Napoleonischen Kriegen«, Stuttgart 1953, entnommen. Ihre jeweilige Zuordnung zu den Schwenninger Soldaten ist erdacht.

1847

31 Die Auswanderer

Die Gemeinde schickt die Hungrigen nach Amerika

Die ersten Strahlen der Aprilsonne sahen den Abschied. An die 200 Männer, Frauen und Kinder standen um die vierspännigen Planwagen. Zwischen den Betten und dem Hausgerät hatten sie die Großmütter und die Säuglinge verpackt. Vor dem Obertor hatte die Kolonne gehalten, und jetzt wurden die Villinger Zeugen eines herzbewegenden Geschehens. Eine Schar von Verwandten und Freunden hatte die acht Wagen bis hierher begleitet. Nun gab es ein letztes Umarmen, einen letzten stummen Händedruck, ein tränenerstickendes »Bhüet di Gott!« und »Gell, schriibet ou!« Dann mahnte der Reutlinger Conducteur, der die Auswanderer nach Mainz bringen sollte: »Vorwärts, ihr Leut, in Gottes Namen!«, und der lange Zug setzte sich in Bewegung. Das Brigachtal hinauf und über die Sommerau wollten sie ins Kinzigtal hinunter, Offenburg zu.

Der Conducteur hatte nach Möglichkeit jedem Wagen zwei Dutzend Personen zugeteilt, aber so, daß die Familien beisammenblieben. Dem ersten Fuhrmann, dem Johannes Benzing, waren die »Andreslis«-Brüder Jakob und Mathias Link mit ihren Weibern und fünf Kindern zugewiesen, dazu die beiden »Christians«-Familien mit zwölf Kindern. Während die Weibsleute noch still vor sich hinweinten, mußte das Mannsvolk bald kräftig Hand anlegen, denn je höher es in den Schwarzwald hinaufging, desto häufiger lagen noch Schnee- und Eisreste auf der Straße. Sie hatten es sich längst abgewöhnt, über den langen Winter zu fluchen. Sie kannten nur noch den einen Drang –, weg von Hunger und Elend, und sei's unter Einsatz des Lebens. Auch

drunten im Gutachtal, wo sonst zu dieser Zeit die ersten Erdäpfel aus dem Boden spitzten, lagen die Äcker noch wüst, stauten sich kleine Weiher in den Wiesen.
Die Wirtin, in deren Scheuer ein Teil von ihnen nächtigen konnte, klagte, ihr seien die Grumbieren schon vor Ostern ausgegangen. Als ihr aber »Karrenbuben«-Christine, die ihrem einschichtigen Bruder Christian in der neuen Welt haushalten sollte, entgegnete, sie habe im Herbst von ihrem ganzen Allmandvierling auf der Kornbind noch nicht einmal einen Kratten voll Erdäpfel geerntet, und die seien halb verfault gewesen, da packte die Wirtin das Mitleid, und sie brachte einen großen Brotlaib mit einem Krättle voller Äpfel für die Kinder.
Eine volle Woche hatten die Schwenninger Zeit, sich auf ihrer Wagenfahrt zu besprechen, ob sie recht getan hatten, die Heimat zu verlassen. Mehrere Familien waren im letzten Augenblick noch zurückgetreten. Damals, im Oktober, als die große Hungersnot begonnen hatte, waren über 230 Personen bereit gewesen mitzuziehen. Aber je näher die Abfahrt gerückt war, desto größer war die Furcht vor dem unbekannten Abenteuer geworden.
Ach, wie schwierig waren schon die Verhandlungen mit den verschiedenen Agenten gewesen. Der Notar Stählen in Heilbronn hatte zwar als erster erklärt, er wolle den Auftrag übernehmen; Überfahrt und Verpflegung der Erwachsenen sollten 84 Gulden kosten. Aber er hatte gleichzeitig davor gewarnt, im Frühjahr nach Neuyork zu reisen; da sei alles überlaufen, und man bekomme weder Quartier noch Fahrtmöglichkeit ins Landesinnere. Der Elias Held von Rottweil dagegen wollte schon im März fahren, aber die 90 Gulden, die er verlangte, waren dem Gemeinderat zu viel gewesen. Der Adlerwirt Rufli aus Sisseln im Aargau hatte sich sehr darum bemüht, den Auftrag zu bekommen; aber seine Fahrtroute führte über Le Havre, und die französischen Behörden wollten keine Auswanderer durchlassen, die nicht genügend Vermögen nachweisen konnten. Eine Kommission des Gemeinderats war dann

extra nach Mannheim und Straßburg gereist und hatte von dort verlockende Werbeschriften des Vereins zum Schutze deutscher Einwanderer in Texas mitgebracht.
Doch schließlich war man mit der Agentur des Jacob Beck in Reutlingen übereingekommen, daß er 97 Erwachsene, 83 Kinder unter zwölf Jahren und zehn Säuglinge in Mainz übernehmen, von dort per Dampfboot nach London befördern und dann im Zwischendeck eines Postschiffes nach Neuyork bringen solle. Die Gemeinde bezahlte ihm für jede Person über zwölf Jahre 91 Gulden, für jedes Kind 55 Gulden; die Säuglinge waren frei. Auf dem Schiff stand jedem eine Schlafstelle und ein Kochplatz zu, überdies genügend Süßwasser, Holz, Kohlen und Licht. An Lebensmitteln bekam jeder Erwachsene 40 Pfund Zwieback, 14 Pfund Rauchfleisch, fünf Pfund Mehl, fünf Pfund Reis, zwei Pfund Salz, zwei Liter Essig und einen Simri Kartoffeln. Kinder bekamen entsprechend weniger. Der Vorrat mußte sechs bis acht Wochen reichen, denn so lange würde die Überfahrt dauern.
Die Weiber konnten es kaum glauben, daß soviel Proviant für ihre Familien bereitliegen sollte. Der Schildmaler Jakob Jauch rechnete seinem Weib vor, daß sie mit ihren sieben Kindern zusammen einen ganzen Scheffel Erdäpfel, drei Zentner Zwieback und soviel Fleisch bekommen würden, wie sie sonst in einem Jahr nicht zu essen gehabt hatten. Sie alle freuten sich schon auf die Dampferfahrt, denn von Mainz ab würden sie Caffee und Brot zum Frühstück, Suppe, Fleisch und Gemüse zum Mittagessen und abends Butterbrot mit Tee bekommen. Im Vergleich zu den Armensuppen, den Wurzeln und getrockneten Pilzen, von welchen sie in den vergangenen Monaten gelebt hatten, wartete unterwegs ein Schlemmerleben auf sie.
Der Gemeindspfleger hatte ausgerechnet, daß es für die Gemeinde trotzdem noch billiger war, den Armen die Überfahrt zu bezahlen, als sie bis zum Ende der Hungerzeit durchzufüttern. Allein die Armensuppen für 200 Personen kosteten im Jahr über tausend Gulden. Dazu hatte sich die Gemeinde alle Erbteile überschreiben lassen, welche die Auswanderer beim Tod von

Verwandten zu erwarten hatten. Eine weitere Einsparung ergaben die Holz- und Torfteile der ausgewanderten Bürger; die konnten nun neu verpachtet werden. In einigen Jahren würde so die Summe von 15 000 Gulden, welche der Ort aufbringen mußte, wieder getilgt werden.
Johannes Bürk, der junge Fabrikant, hatte zwar noch vor sechs Wochen im Stuttgarter »Beobachter« geschrieben, daß »der Allmächtige jede Gemeinde davor bewahren möge, nur um der temporären Unterstützung der Bedürftigen enthoben zu werden, Vermittler, ja gewissermaßen Urheber des Unterganges und der Not so vieler in die Fremde geschickten Mitbürger zu sein.« Aber der Johannes hatte leicht reden, der brauchte in der Fremde nicht um Suppe zu betteln. Sie hofften ja auch alle, drüben Landsleute zu finden, die ihnen weiterhelfen würden. Waren doch seit der letzten großen Hungersnot von anno 1817 schon Hunderte von Schwenningern nach Amerika ausgewandert.
In Mainz wartete bereits Herr Beck auf sie. Er sagte, es sei notwendig, die Gesellschaft in zwei Gruppen zu teilen. Mit 65 Leuten fuhr er sofort weiter nach London, die andern ließ er zurück unter der Obhut seines Conducteurs. Nach einer guten Woche kam Beck zurück und berichtete, die erste Gruppe sei bereits unterwegs nach Neuyork auf dem Postschiff »Hendrik Hudson«. Doch sei leider nicht Platz für alle gewesen. Mit dem Rest erreichte er in knapp drei Tagen Rotterdam und in einem weiteren Tag London. Dort sagte man ihnen, ihr Schiff müsse erst für Passagiere eingerichtet werden. Rein zufällig erfuhren sie, daß es gar nicht nach Neuyork bestimmt war, sondern nach Quebec.
Namenloser Schreck packte die Erwachsenen. Sie würden also die vorausgefahrenen Landsleute gar nicht mehr wiedersehen. Sie würden in eine unbekannte Gegend kommen, in welcher es möglicherweise gar keine Deutschen gab. Wie sollten sie von dort ins Innere der Vereinigten Staaten gelangen? Sie bedrängten Beck mit den heftigsten Vorwürfen. Er behauptete, es sei in absehbarer Zeit kein Schiff nach Neuyork zu haben. Sie suchten

Hilfe auf dem preußisch-württembergischen Konsulat. Man riet ihnen, sie sollten Beck verklagen, dann könne sich die Gemeinde seiner Kaution bemächtigen. Aber sie waren fern von daheim, hatten ihr bißchen Bargeld schon aufgezehrt. Ohne Becks Hilfe hatten sie weder Unterkunft noch Verpflegung. Besser war es, sich mit ihm zu verständigen, als wochenlang auf Bescheid von daheim zu warten.

Schließlich glaubten sie Becks Beteuerungen, daß der Weg von Quebec ins Innere nicht weiter sei als von Neuyork. Sie sahen auch, daß er in der Klemme war, weil sie in Mainz und in London über zwei Wochen gewartet und viel Geld verbraucht hatten. Auf der kürzeren Route nach Quebec aber würde er so viel sparen, daß er seinen Verlust wieder wettmachen konnte. So gingen sie am 26. Mai, genau einen Monat nach ihrer Abfahrt von daheim, in London unter Segel.
Die Seefahrt verlief glatt, ohne nennenswerte Stürme und ohne ernsthafte Krankheiten. Beck zeigte sich sehr besorgt um das Wohlergehen seiner Leute. Er half allen denen mit Geld aus, welche von der Gemeinde kein besonderes Kopfgeld mitbekommen hatten. Er sorgte für Gemüse und Dörrobst, für Zuckerzwieback und für Medikamente. Er half ihnen in Quebec zu Transportmöglichkeiten in die Vereinigten Staaten.
So konnten denn bald nach ihrer Ankunft in Wappenkoneta im Staat Ohio der Weber Johannes Rapp und der Taglöhner Jakob Weiler dem Gemeinderat in Schwenningen schreiben, daß sie gut angekommen seien und daß sie den Agenten Beck jedem Auswanderer empfehlen würden. Vor allem aber wollten sie sich bei der Gemeinde bedanken, daß sie ihnen allen den Neuanfang in der neuen Welt ermöglicht hatte.

Die Akten zu diesem Unternehmen und eine Abschrift des erwähnten Briefs liegen im Schwenninger Archiv. Die Abschiedsszene wird in der Villinger Bürgerzeitung geschildert. Johannes Bürks Zeitungskommentar steht in dem Buch von F. L. Neher »Johannes Bürk« abgedruckt.

1848

Der Sieg der Demokraten 32

Die 48er Revolution in Schwenningen und Umgebung

Die Erregung im Dorf mußte sich bald entladen. Seit acht Wochen schon waren fast täglich revolutionäre Nachrichten hereingetragen worden, waren in den Stuben, in den Wirtschaften und auf den Gassen besprochen worden, hatten zu heftigen Auseinandersetzungen zwischen den Bauern und den Handwerkern, zwischen den Altständigen und den Fortschrittlern geführt. Wie im Sturmwind war die Kunde vom Überfall der Studenten und Arbeiter auf den französischen Königspalast und von der Ausrufung der Republik über Deutschland gefegt. Knapp 14 Tage nach dem Pariser Aufstand war die württembergische Regierung zurückgetreten, hatten in Donaueschingen und Villingen Volksversammlungen stattgefunden und Pressefreiheit, Volksbewaffnung, gesamtdeutsche Wahlen gefordert. Den Schwenninger Gemeinderäten war es angst geworden, als von Rottweil her ein Wagen mit etlichen Zentnern Pulver und Blei für die Donaueschinger Bürgerwehr durch den Flecken gefahren war. Sie hatten rasch die Aufstellung einer besonderen Sicherheitswache beschlossen. Den Tag darauf waren schon wieder einige tausend Menschen in Villingen zusammengeströmt und hatten unter schwarz-rot-goldenen Fahnen eine lange Petition nach Karlsruhe abgeschickt. Auch Schwenninger waren drüben gewesen und hatten am Ende miterlebt, wie der Konstanzer Abgeordnete Fickler mit knapper Not daran gehindert worden war, die Revolution auszurufen.
Am selben Tag hatte ein Bürgerhaufe in Rottweil den Stadtrat zum Rücktritt gezwungen. Schon eine Woche später war trotz

des Einspruchs der Stuttgarter Regierung ein neuer Rat gewählt worden. – Jener Rottweiler Wahltag sollte allen Badenern und Württembergern in Erinnerung bleiben, denn noch vor Mittag hatten in allen Städten und Dörfern die Sturmglocken geläutet, und überall war das Gerücht verbreitet worden, mehr als 20 000 Franzosen seien mordend und brennend in Offenburg eingefallen. Auch aus Schwenningen war eine Freiwilligenschar mit Sensen und Säbeln, mit Furken und Flinten dem Schwarzwald zugezogen, an ihrer Spitze hoch zu Roß der Vikar Lang. Zwar hatte das Gerücht sich bald als Falschmeldung herausgestellt, aber der Schrecken und die vaterländische Hochstimmung saßen den Leuten noch immer im Geblüt.

Zu eben jener Zeit war Johannes Bürk von einer längeren Geschäftsreise nach Schwenningen zurückgekehrt. Er hatte von Bayern aus begeisterte Briefe nach Hause geschickt: ». . . Man politisiert und man phantasiert über eine glückliche Zukunft, und das muß ich sagen, daß ich selber überall mit Freuden empfangen wurde, da man mir an dem Freischaaren-Rock und der Cocarde ansieht, und aus meinem Wort die Überzeugung schöpft, wie innig ich mich der gegenwärtigen Bewegung anschließe . . .«. Er hatte sich auch brieflich bereit erklärt, die Opposition gegen die Herrschaft der alteingesessenen Bauernsippen im Gemeinderat anzuführen, so wie er es vormals als Obmann des Bürgerausschusses getan hatte.

Angeregt durch den Erfolg der Rottweiler Bürger hatte er sich sofort nach seiner Ankunft mit seinen Gesinnungsfreunden zusammengetan und eine Aufforderung an den Ortsvorsteher und die Gemeinderäte verfaßt, sie sollten zurücktreten, da sie nicht mehr das Zutrauen der Mehrzahl unter den Bürgern besäßen. Aber der Gemeinderat hatte sich nicht dazu geäußert, obwohl zu den 23 Verfassern namhafte Bürger zählten.

Die umstürzlerischen Ereignisse indes waren weitergegangen. In Villingen war die erste freiheitliche Zeitung erschienen. Der Donaueschinger Bürgermeister Raus hatte die einberufenen Soldaten offen zur Fahnenflucht und zum Eintritt in die

Volksmiliz aufgefordert. Das Heidelberger Vorparlament hatte die Ausrufung einer allgemeinen Wahl für eine verfassunggebende Nationalversammlung beschlossen, und die Radikalen Hecker und Struve, welche sich damit nicht zufriedengeben wollten, waren heimlich nach Konstanz gereist, um am Bodensee den bewaffneten Aufstand gegen die Monarchie vorzubereiten. Daraufhin hatte die Bundesversammlung der deutschen Fürsten zu Frankfurt zwei Armeekorps des deutschen Bundesheeres gegen die Aufrührer mobilisiert.

So war Anfang April der württembergische General von Miller mit 1200 Mann nach Rottweil und nach Schwenningen gekommen und hatte sofort einen Quartiermacher nach Donaueschingen geschickt. Der aber war dort übel angekommen. Noch in der Nacht hatten sich an die 4000 Freischärler aus den umliegenden Orten zusammengerottet und erklärt, sie wollten Gut und Blut zur Abwehr der fremden Militärmacht dransetzen. Da hatte der General sich damit begnügt, die Besatzung in Schwenningen alarmbereit zu halten und zu verstärken.

Während der Zeit der Einquartierung war es den Freiheitsmännern um Johannes Bürk natürlich unmöglich gewesen, etwas gegen den Gemeinderat zu unternehmen. Auch die Kampfbereitschaft der Donaueschinger Volksmänner war allmählich wieder geschwunden. Struve, der sie zum bewaffneten Zug gegen Karlsruhe hatte gewinnen wollen, war zunächst unverrichteter Dinge wieder abgezogen. Doch wenige Tage später war er drüben wieder aufgetaucht und hatte in Heckers Auftrag 600 Freiwillige geworben. Hecker selbst wollte mit einem größeren Aufgebot vom See her zu ihm stoßen.

Auf die Nachricht von Heckers Näherrücken hatte General von Miller seine Truppe nach Dürrheim in Marsch gesetzt. In Schwenningen war dadurch die Spannung aufs höchste gestiegen. Viele Leute waren den Ausrückenden gefolgt, um zu sehen, wie die Sache sich entwickeln würde. Zwischen Dürrheim und Donaueschingen war Struve den anrückenden Kolonnen entgegengekommen und hatte mit dem General verhandelt. Der aber

hatte die Räumung des Orts binnen einer halben Stunde verlangt; widrigenfalls werde er zum Angriff blasen lassen. Struve war sofort in den Ort zurückgekehrt.
Erst hinterher hatte man von Donaueschinger Bürgern erfahren, daß Struve seine Streitmacht schon in voller Auflösung vorgefunden hatte. Die Fützener und die Grimmelshofer waren angesichts der Württemberger bereits abgerückt.
Kurz vor Pfohren war Struve auf Hecker und dessen Vorhut gestoßen. Hecker hatte mit Entsetzen vernommen, daß er nur um eine knappe Stunde zu spät eingetroffen war. Zusammen waren sie gegen Stühlingen abgezogen. Die Württemberger aber hatten Donaueschingen besetzt.
Die Freischärler waren schließlich bei Kandern geschlagen und auseinandergejagt worden. Hecker hatte sich in die Schweiz geflüchtet. In Baden war der Kriegszustand ausgerufen und alle Volksausschüsse waren aufgelöst worden. Da und dort, auch in Villingen, hatte es noch verzweifelte Versuche gegeben, das Landvolk zum Widerstand aufzustacheln. In Donaueschingen wäre es dabei fastgar zum Zusammenstoß mit dem Militär gekommen. Aber es bestand kein Zweifel, der Aufstand der Republikaner war zusammengebrochen.
In Schwenningen aber meinten die freiheitlich Gesinnten, es sei jetzt höchste Zeit, mit den reichen Bauern abzurechnen. Johannes Bürk fürchtete, daß es dabei zu Gewalttätigkeiten kommen könnte. Deshalb schickte er heimlich einen Boten nach Rottweil und bat den Oberamtmann um militärischen Schutz für die Gemeinde. Dieser meldete die Sache dem General von Miller nach Donaueschingen. Und der schickte eine kleine Reiterabteilung nach Schwenningen. Das Kommando übertrug er dem Fourier Thomas Bürk, Johannes' Bruder.
Dessen Tätigkeit war aber nicht geheim geblieben. Die Gemeinderäte behaupteten, Johannes Bürk habe militärische Unterstützung angefordert, um die geforderten Gemeinderatswahlen zu erzwingen. Das ganze Dorf geriet in Aufruhr. Eine Menschenmenge versammelte sich vor dem Rathaus, während der

Gemeinderat drinnen tagte. Außen sah man fast nur Taglöhner und Handwerker, kenntlich am gestrickten Wams, den langen Tuchhosen und der »Dächleskappe«. Bald hatten sich auch Bürks engere Freunde um ihn versammelt. Sie verlangten, vom Gemeinderat gehört zu werden. Aber die drinnen verriegelten die Tür und beschimpften aus den Fenstern herunter die »Hecker« und die »Revoluzzer«. Diese allerdings blieben ihnen nichts schuldig und erklärten die Gegner für eingeschlossen und gefangen. Als die draußen auch zur Essenszeit noch keine Miene machten, nach Hause zu gehen, wagten die Eingeschlossenen einen Ausfall. Dabei kam es zu einer schweren Rauferei, in deren Verlauf Johannes zu Boden geschlagen wurde.

Eben in diesem Augenblick sprengte Thomas Bürk mit seinen Reitern aus Donaueschingen die Kirchgasse herauf, und aus seiner nahegelegenen Schusterei rannte Jacob, der dritte der Brüder, herbei und drohte mit geschwungener Axt, jeden niederzuschlagen, der sich ihm in den Weg stellen wollte. Da leerte sich der Kampfplatz im Handumdrehen. Johannes konnte sich bei seinem Bruder für die rechtzeitige Hilfe bedanken. Dann zogen die 23 Vorkämpfer frohgemut ins Rathaus ein, um die neue Lage zu besprechen. Die Demokraten in Schwenningen hatten den ersten Sieg errungen. Er sollte allerdings nicht lange dauern. Nach wenigen Monaten schon hatten die reichen Bauern das Heft wieder fest in der Hand. Die drei Brüder flüchteten ins Ausland. Jacob blieb in Amerika; Thomas kehrte nach Jahren erst aus Ostasien zurück. Johannes aber wurde daheim übel verleumdet, und nur seine geschäftlichen Erfolge ermöglichten ihm schließlich die Heimkehr aus der Schweiz – bald allerdings auch den Aufstieg in verantwortliche Ämter in Gemeinde und Staat.

Der Bericht stützt sich auf Paul Revellios Aufsatz »Die Revolution der Jahre 1848/49 in Villingen, Donaueschingen und Hüfingen«, auf F. L. Nehers Buch »Johannes Bürk« und auf allgemein bekannte Darstellungen der Landesgeschichte.

1850

Der große Brand

33

Tausend Menschen werden obdachlos

Es war zehn Uhr vormittags. Knabenschulmeister Lutz entließ seine Buben mit dem Schlußgebet. Sie rannten hinaus – und hielten unter der Haustür inne. Eine dunkle, hohe Wolke verdeckte die Sonne, es roch nach Rauch. Und schon tönte aus dem Giebelfenster der Mädchenklasse, von dem aus man in die Hintergasse blicken konnte, eine entsetzte Stimme: »Im Wii'kl brennt's!« Schreiend stürmte die Kinderschar die Pfarrgasse hinunter. Als die Vordersten um den »Storchen« bogen, blieben sie erschrocken stehen. »Bi's Siebmachers! Johannes, bi eib!« riefen sie dem 13jährigen Buben des Boten Johannes Stähle zu. Der rannte los, brüllte nur ein Wort: »Christian!« Er wußte, die Eltern und die große Schwester waren im Feld, den kleinen Hansmarte hatten sie mitgenommen. Aber der Christian! Der hatte sich am Morgen wieder hingelegt und gesagt, ihm sei so elend. Jetzt schlugen die Flammen gerade aus seiner Kammer. Doch noch ehe der Bub den Winkel erreichte, sah er seinen Bruder auf der Straße stehen und zum brennenden Elternhaus hinüberstarren. Eben barsten überm angebauten Wohnteil des Friesers Maier die Schindeln, schoß auch dort die Lohe heraus. Der Christian schien den Bruder gar nicht zu bemerken, murmelte nur immer wieder: »Sell hau-n-i net wella!« Der Kleine verstand ihn nicht.

Prasselnd flogen brennende Schindeln und glühende Strohbüschel in den Himmel: Das Krachen berstender Bretter übertönte das Kreischen der Kinder und die Hilferufe der Nachbarn, die überall aus den Häusern stürzten. Jetzt dröhnte auch die

Sturmglocke, und das Feuerhorn tutete vom Rathaus. Eine schwarze Qualmwolke quoll aus dem Doppelhaus, verhüllte die Häuser auf der andern Seite der Winkelgasse. Das Feuer hatte den Barn erreicht, dort lagerte das frisch eingebrachte Heu. Der Südostwind trieb Flammen und Rauch quer über die Gasse. Zäune, Büsche und Holzwerk waren ausgetrocknet von der Sommerhitze. Noch ehe der erste Löschwagen vom Rathaus heran war, brannte die ganze Häuserzeile gegenüber, hatte die Gluthitze auch die beiden Nachbarhäuser entzündet. Wohl hatten Nachbarn und Schulkinder sofort Ketten mit Eimern und Gölten zu den nächsten Brunnen gebildet, aber jetzt fielen glühende Fetzen und heiße Asche so dicht, daß sich niemand mehr in der Winkelgasse halten konnte, und bald wurde der Sog des Feuers so stark, daß ein brausender Flammensturm schräg aufwärts jagte.
Schultheiß Bürk, der im Feesenwald Holz ausgemessen hatte, sprengte auf seinem Fuchsen daher. Er schickte die Leute mit der Spritze sofort zurück zum Rathaus, denn der Wind drängte die Brunst dem Marktplatz zu. Dem Apotheker Daniel befahl er, mit der nächsterreichbaren Rotte die Rathausakten zu bergen und ins Schulhaus tragen zu lassen. Dann rannte er dem Kirchturm zu; er wollte einen Überblick gewinnen. Was er von der Glockenstube aus sah, ließ sein Herz für einen Augenblick stocken. Noch war keine Stunde seit dem ersten Alarm verstrichen, und schon zählte er ein volles Dutzend brennender Häuser. Das Feuer hatte die Hintergasse übersprungen; es qualmte aus den beiden Eckhäusern am Metzgergäßle; aus der Seifensiederei beim Rathaus züngelten die Flammen; in den Gärten brannten die Obstbäume wie Fackeln. Bis zu ihm herauf stoben die Funkenschwärme.
Die Feuerwehr war fast hilflos. Überall rannten Leute mit wildgewordenen Kühen und Rossen, verstopften die Gassen mit Karren voll Hausrat, hinderten die Rotten mit ihren Leitern und Stangen. Es war höchste Zeit, die Nachbargemeinden zu Hilfe zu rufen. Am Rathaus traf Bürk seine Rottenmeister. Die Feuerrei-

ter waren alle schon losgeritten. Die vier Spritzen mühten sich noch, das Rathaus zu retten; aber die Hitze hatte sie schon aus der Hintergasse vertrieben. So weh es dem Schultheiß fiel, das neue Kauf- und Rathaus aufzugeben, er mußte versuchen, dem Brand jenseits des Marktplatzes Einhalt zu gebieten. So schickte er je zwei Rotten an den Eingang zum Bildacker, zum Mutzenbühl und zum Außerdorf; zwei andere sollten versuchen, durch die Spitalgaß in den hinteren Winkel zu kommen; zwei mußten den unteren Teil der Hintergasse und die Schützengasse sperren, falls der Wind sich drehte; der Rest hatte die Kirche zu schützen, welche inzwischen in höchste Gefahr geraten war.
Währenddessen hatte das Feuer tatsächlich das Rathaus, den Stolz der Gemeinde, noch keine 20 Jahre alt, von zwei Seiten zugleich ergriffen. Aber niemand hatte Zeit, wehmütigen Gedanken nachzuhängen. Im Dorf spielten sich erschütternde Szenen ab. Vor Birschtlejockiles Haus packte der tobende Orkan einen Sarg und warf ihn samt der Leiche des Kindes, das dort aufgebahrt lag, vom Hof auf die Straße. – Der Uhrenhändler Johannes Benzing, dessen Frau kurz zuvor von sechs Kindern weggestorben war, bekam es mit der Angst zu tun, als im unteren Bildacker die nahegelegene Werkstatt des Flaschners Mehne zu brennen anfing. Die Familie packte ihren ganzen Hausrat auf einen Wagen und führte ihn zu Verwandten auf dem Mutzenbühl. Und dann mußten sie erleben, daß deren Haus samt dem beladenen Wagen verbrannte, während ihr eigenes, leeres Häuschen vom Feuer verschont blieb.
Der Waldhornwirt Lauffer war, als der Alarm kam, ins Metzgergäßle geeilt, um seinem Gödde, dem alten Kiefer-Christe, beizustehen. Zusammen hatten sie das Vieh losgebunden und zur Wette hinuntergetrieben, hatten Bettstücke und Geräte auf den Heuwagen geladen und waren eben dabei, die übrigen Fahrzeuge aus dem Schopf zu ziehen, als ihm ein Nachbar zurief, das Waldhorn sei auch schon am Brennen. Als er hinaufkam, war nicht mehr viel zu retten. Sein Weib hatte völlig den Kopf verloren, als die Schmiede nebendran erfaßt wurde. Sie

hatte nur die Bierbücher gepackt, um sie zu retten. Und der Knecht, der noch kurz vorher mit dem Bierwagen angekommen war, hatte nichts Wichtigeres zu tun gehabt, als in seine Kammer hinaufzurennen, einen Sack Mehl auszuleeren und seine paar Habseligkeiten hineinzustopfen. So brannte die Wirtschaft ab, nur das Bräuhaus dahinter konnte die Dauchinger Feuerwehr retten. Im Bennerwägile führten die Wirtsleute ein paar gerettete Sachen eilends zur Au hinunter, während aus einzelnen Fenstern in der Spitalgaß schon die Flammen schlugen. Am Sammelplatz, wo bereits Hunderte von Ausgebrannten tatenlos hockten oder aufgewühlt ihre Erlebnisse besprachen, gab es neue Not. Der kleine Johannes fehlte, niemand hatte ihn gesehen. Mit Mühe nur gelang es dem Wirt, sein Weib davon abzuhalten, wieder ins brennende Dorf zurückzulaufen, um nach ihm zu suchen. Die Verzweiflung der Familie war grenzenlos. Erst abends kam der Sechsjährige mit dem Sauhirten zu den Seinigen; der Hirt hatte ihn auf dem Feld bei sich behalten, um ihn vor Schaden zu bewahren.

Zu der Zeit waren an die hundert Häuser bis auf die Grundmauern niedergebrannt. Die Feuersbrunst hatte erst aufgehört, als sie den Nordrand des Dorfes erreicht und keine Nahrung mehr gefunden hatte. Durch die Mithilfe aller benachbarten Feuerwehren war es wenigstens gelungen, dem Flammenwüten dort Einhalt zu gebieten, wo der Wind nicht unmittelbar hinwehte. Aber 180 Familien, fast tausend Menschen, waren obdachlos geworden; ihr Jammer war groß. Ein Wunder, daß niemand umgekommen war im Feuer.

Natürlich wurde nun die Frage immer lauter, wie der Brand in des Siebmachers Haus hatte entstehen können. Bald wurde es zur schrecklichen Gewißheit: Das Feuer war absichtlich gelegt worden. Der 17jährige Sohn Christian hatte, um seinem Vater Geld zu stehlen, den Wandschrank aufgebrochen. In der Furcht, seine Untat könnte entdeckt werden, hatte er das Stroh in der Tenne angezündet. Nichts nützte es hinterher der Gemeinde, daß er zu zwölf Jahren Zuchthaus verurteilt wurde. Seine Familie verfiel der öffentlichen Schande und wanderte nach Amerika aus, wohin ihr der Bursche nach seiner Freilassung folgte. Zwar ergoß sich ein Strom von mildtätigen Gaben aus der Gemeinde und aus weiten Teilen des Landes über die Heimgesuchten. Zwar erwies sich nun die staatliche Brandversicherung, über welche so viel gescholten worden war, als ein wahrer Segen. Aber es dauerte Jahrzehnte, bis sich die geschädigten Familien wieder erholt hatten, zumal etliche Hungerjahre in der Folge die Not noch verstärkten.

In vier Jahrhunderten erlebte Schwenningen vier Großbrände, welchen jeweils das ganze Dorf oder ein Großteil des Dorfes zum Opfer fiel: Anno 1525 im großen Bauernkrieg (Bd. 1, Nr. 27), anno 1633 im Dreißigjährigen Krieg (Bd. 2, Nr. 4), anno 1772 (Nr. 16) und anno 1850. Vermutlich gab es auch im Mittelalter ähnliche Großbrände, doch ist uns davon nichts überliefert. Diese Brandkatastrophen warfen die wirtschaftliche Entwicklung des Dorfes jeweils um Jahrzehnte zurück und fügten dem Ortsbild unwiederbringlichen Schaden zu. Außer dem Turm der Stadtkirche gibt es hier kein mittelalterliches Gebäude, und nur drei Häuser (evang. Pfarrhaus, Heimatmuseum und Vogtshaus) reichen ins 18. Jahrhundert zurück.
Der Bericht folgt den wenigen schriftlichen Zeugnissen, die es vom großen Brand gibt, und vereinzelten mündlichen Überlieferungen in hiesigen Familien. Der Verlauf der Feuersbrunst und der Einsatz der Feuerwehr wurde aus den Akten der württembergischen Feuerversicherung und der örtlichen Feuerwehrordnung erschlossen. Das Schicksal des Brandstifters und seiner Familie ergibt sich aus Mitteilungen des hiesigen Archivs.

1869

Das Eisenbahnfest 34

Die Bahnlinie Rottweil – Villingen wird eingeweiht

Die Gäste drängten sich um den Herrn Abgeordneten. Wenn auch der württembergische Landtag sich schon kurz nach seinem ersten Zusammentritt für ein Jahr vertagt hatte, hielt man doch den Fabrikanten Johannes Bürk für eine einflußreiche Persönlichkeit. Ihm war es fast ausschließlich zu verdanken, daß die neue Eisenbahnlinie nun doch über Schwenningen führte. So suchten nicht nur die großen Geschäftsleute, sondern auch die Gemeindevorsteher aus der ganzen Umgebung seine Nähe. Im Abteil Erster Classe saßen Stadtschultheiß Marx von Rottweil, Bürgermeister Schupp von Villingen und Regierungsassessor Feyerabend von Stuttgart mit ihm zusammen, als der bekränzte Zug seine Fahrt nach Villingen fortsetzte.
Von Rottweil her hatten der ganzen Strecke entlang die Bauern auf den Feldern dem Zug zugewunken, und auf allen Stationen hatte man haltgemacht, um sich die Reden der Ortsvorsteher und den Gesang der Schulkinder anzuhören. Die naseweisesten unter den Schwenninger Buben hatten bereits am »Da'waald« gewartet und dann zum Gaudium der Gäste ein Wettrennen mit der Lokomotive versucht. Beim Einfahren in den fahnengeschmückten Bahnhof hatten Böller wie Geschützsalven gekracht. Eine unübersehbare Menschenmenge hatte sich versammelt. Vom Marktplatz her waren sie im Festzug angerückt, geleitet von zwei Musikkapellen: Die Vertreter der Staats- und Gemeindebehörden, die Bauarbeiter und ihre Techniker, der Gewerbeverein, die Feuerwehr, die Turner, die beiden Gesangvereine, die Kaufleute, die Handwerker, das Weibervolk, die Schuljugend und sogar ein

Teil der Bauern in ihren Trachten. Alle hatten sie die Ehrengäste beim Aussteigen mit einem vielfachen »Hoch« begrüßt, und die Fahnenträger hatten ihre Vereinsfahnen geschwenkt. Schultheiß Müller war auf ein Podest gestiegen, um die Gäste willkommen zu heißen, und dann hatte eine lange Reihe von Festrednern das große Ereignis gefeiert, Musikstücke und Weihelieder waren dazwischen erklungen.

Jetzt saß man wieder im Zug, und Johannes Bürk erklärte seinen Mitfahrern den Verlauf der Bahn. Der Fronmeister hatte das

Neckarbett von allem Gerümpel säubern lassen, so daß das Bächlein klar und ungehemmt neben den Schienen her durch die Sommerwiesen lief. Bürk wies im Vorbeifahren auf die verschwundene Quelle hin, welche durch den Einschnitt des Bahnkörpers abgequetscht worden war, so daß die Gemeinde wohl oder übel einen neuen Neckarursprung erschließen mußte, wollte sie ihres Ruhmes als Anfangsort des Landesstroms nicht verlustig gehen.
Bald darauf war das Zollhäusle erreicht und damit der Scheitelpunkt der Bahn, die Wasserscheide zwischen Neckar und Donau. Der Regierungsassessor aus der Eisenbahndirektion teilte mit, daß mit seiner Höhe von 2530 Fuß dies der höchste Punkt aller schwäbischen Bahnen war. Gleich dahinter fuhren sie über einen 80 Fuß hohen Damm, der eine Seitenschlucht des Marbachtals überquerte und talseitig mit starkem Plaster belegt war – das größte Bauobjekt der ganzen Strecke. Der Zug bog ins Brigachtal ein, bald war der Villinger Bahnhof erreicht. Der trug noch den Fahnenschmuck seiner eigenen Einweihung, denn erst elf Tage zuvor war der Abschnitt Konstanz – Villingen der badischen Schwarzwaldbahn eröffnet worden. Auch hier begrüßte eine große Menschenmenge den Extrazug mit Jubel und Hochrufen. Badener und Württemberger feierten die neue Gemeinsamkeit. Der württembergische Abgeordnete erinnerte allerdings die Umstehenden lachend daran, daß seine Kollegen im Karlsruher Landtag sich nur mit Überwindung dazu entschlossen hatten, nun doch die badische Schmalspur aufzugeben, welche ihnen ursprünglich die Fremden vom Musterländle hätte fernhalten sollen.
Nach einer guten Stunde fuhr man fröhlich wieder zurück. Bürgermeister Schupp erkundigte sich bei Johannes Bürk, ob er den lustig-bissigen Brief der Eisenbahngegner an die württembergische Staatsregierung tatsächlich selbst verfaßt habe. Bürk bekannte sich mit Vergnügen dazu. Als der Stuttgarter Herr Näheres wissen wollte, zog Schupp die betreffende Nummer des »Schwarzwälders« aus der Brusttasche und bat Bürk, ein paar

Stellen daraus vorlesen zu dürfen. Der hatte nichts dagegen, und so wurde noch einmal laut, was schon vorher alle fortschrittlichen Bürger ergötzt hatte: »Hohe Staatsregierung! Mit banger Besorgnis sehen wir die Eisenbahn näherrücken . . . Der Geist der Unruhe und verderblichen Neuerungen dringt herein . . . Selbst in Sitte und Kleidung traten Änderungen ein, welche wie ein Krebsschaden weiter um sich griffen. Die erste Neuerung im Hause war die Einführung des Tellers beim Essen. Dann kamen die Hemdkrägen, obschon vorher nie ein Schwenninger den Hals zwischen Kopf und Rumpf erfroren hatte . . . Endlich vergaßen sich viele so sehr, daß sie lange Hosen trugen! Wer 40 Jahre nicht mehr hier war, der würde glauben, daß eine neue Rasse hier eingewandert sei.«

Den Lesenden schüttelte das Lachen so stark, daß er aufhören mußte. Er reichte die Zeitung dem Verfasser zum Weitermachen. Der erklärte, er wolle es kurz machen, las dann aber doch: »Die Eisenbahn mit ihrer rasenden Eile wird noch mehr Fremde hierher bringen, sie wird uns unsere Söhne entführen und ihnen Gelegenheit geben, die verderblichen Einrichtungen anderer Gegenden hierher zu verpflanzen. Sie werden selbst vor den Faßreifen der modernen Frauenröcke nicht zurückschrecken, und die nationale Schwenninger Weibertracht, dieses letzte Bollwerk alter Sitte, wird fallen.« – Eine Lachsalve quittierte diese drollige Anspielung. Johannes Bürk wollte nur noch den Schluß zum besten geben, weil der, wie er versicherte, direkt aus den Gesprächen seiner Gegner abgelauscht sei. Da stand: »Wir bitten aus vollstem Herzen, uns mit der Eisenbahn zu verschonen. Gebe man sie den Bewohnern des Eschachtales, welche uns das Kraut abkaufen und, wie es im Villinger Wochenblatt heißt, auch den Speck dazu haben, und welche durch das Dasein einer Pulvermühle an große Gefahren schon gewöhnt sind.«

An dieser Stelle wurde Bürk durch lautes Geschrei und Gelächter von draußen her unterbrochen. Als sie sich aus dem Fenster beugten, sahen sie eben noch, wie ein abgesprungener Fahrgast sich am Bahndamm hochrappelte und seinen Hut zu

erhaschen suchte, der ihm offensichtlich während der Fahrt hinausgefallen war. Zum Glück hatte der Zug schon so stark abgebremst, daß der Mann nicht zu Schaden gekommen war.
Gleich darauf hielt man wieder in Schwenningen. Abermals dröhnten die Böller. Sie gaben das Zeichen zum Festbankett. Die Güterhalle war, noch ehe sie in Dienst genommen wurde, zum Festsaal umgewandelt worden. Vor der fahnengeschmückten Rednertribüne standen in einem Laubgewinde die Büsten des Königs und der Königin. Johannes Bürk sprach über die Bedeutung der Eisenbahn für die wirtschaftliche Entwicklung der ganzen Umgegend. Er erinnerte noch einmal an die schwierigen Kämpfe, die er und seine Freunde durchzustehen hatten, seitdem in Rottweil zum erstenmal ein Eisenbahnkomitee zusammengetreten war. Um ein Haar wäre die Linie durchs Eschachtal an Schwenningen vorbeigeführt worden, weil ein paar Rottweilern die Viertelmeile Streckenverkürzung wichtiger erschienen war als die Anbindung des Gewerbedorfes mit seinen 5000 Einwohnern. Schließlich hatte die Opposition im Ort selber alles versucht, die Bahn fernzuhalten.
Der Redner wies darauf hin, daß der Bahnbau schon jetzt, vor der Eröffnung des Verkehrs, segensreiche Auswirkungen zeige. Mit dem Erlös aus den Allmandfeldern, welche die Gemeinde um 17815 Gulden an die Eisenbahngesellschaft verkauft hatte, konnte jetzt endlich das Defizit im Grundstock, das der große Brand hinterlassen, ausgeglichen werden. Man konnte die längst fällige Felderregulierung durchführen, das Straßennetz erweitern, Kirche und Kirchturm ausbessern und einen neuen Gottesacker anlegen. Mit sichtbarer Bewegung las Bürk schließlich zwei Glückwunschtelegramme aus dem königlichen Kabinett und aus der königlichen Eisenbahndirektion vor.
Dann löste ein Trinkspruch aus den Reihen der Gäste den andern ab. Man trank auf das Wohl aller, die irgendwie am Bahnbau beteiligt gewesen waren, von den französischen Bauarbeitern bis zu den Schwenninger Jungfrauen. Mit vergnügtem Grinsen dachten die Eingeweihten dabei an das Mädchen aus der

Gemeinde, das sich in einen dieser Franzosen verliebt hatte, jetzt von ihm ein Kind erwartete und dessen Mutter vor Schrecken ausgerufen hatte: »O daaß, Meidle, du kaa'scht jo mit dii'm oagena Kii'd net emool diitsch schwätza!«
In schöner Eintracht saßen Damen und Herren, Rotstrümpfe und Blauhemden, Württemberger und Badener, Fabrikanten und Taglöhner beisammen und ließen sich abwechselnd von den freundlich lächelnden Wirten aus dem »Bären«, dem »Adler« und dem »Storchen« bedienen. Anderntags berichtete die Rottweiler Bürgerzeitung: »Das gestrige Eisenbahn-Eröffnungsfest gehört unter die schönsten Tage, seitdem die Schienenstränge unsere Thäler und Anhöhen durchziehen. Man muß es den Schwenningern zugestehen: Es hat Hand und Fuß, was sie arrangieren.«

Der Bericht baut aktuelle Zeitungsbeiträge aus dem »Schwarzwälder« von Villingen und der »Schwarzwälder Bürgerzeitung« von Rottweil zusammen mit Gemeinderatsprotokollen und einer von August Reitz in seinem Buch »Von des Neckars Quelle« veröffentlichten Anekdote. Auch das Gespräch im Zug folgt teilweise wortgetreu den streitbaren Verlautbarungen aus den umliegenden Gemeinden, welche samt und sonders Anschluß an die Bahnlinie forderten. Ohne Johannes Bürks kämpferischen Einsatz wäre sie vermutlich nicht über Schwenningen geführt worden.

1896

35

Wassernot

Die Brunnen reichen nicht für 8000 Menschen

Schultheiß Würth schaute seufzend vom Rathaus hinunter auf den Marktplatz. Dort unten trieb der »Megserbuur« gerade seine Kühe zur Tränke. Die Tiere brüllten ungeduldig und drängten zum Brunnen. Der aber war umlagert von Frauen und Kindern, welche mit Eimern und Gelten die Eisdecke durchstoßen hatten und jetzt hastig versuchten, ihre Gefäße zu füllen. Es war Februar, seit Tagen herrschte strenger Frost. Wenn der noch lange andauerte, war zu befürchten, daß auch der Marktbrunnen versiegte. – So durfte das nicht weitergehen!

Das Dorf hatte jetzt über 8000 Einwohner und immer noch keine Wasserleitung. Längst reichten die öffentlichen Brunnen nicht mehr aus für die Neuzugezogenen, welche keinen eigenen Pumpbrunnen vor dem Haus besaßen. All die verzweifelten Versuche, auf dem Sturmbühl und dem oberen Bildacker weitere Brunnen zu ergraben, waren fehlgeschlagen. Nicht einmal der Löwenwirt am Marktplatz, der schon vor 30 Jahren viel Geld drangerückt hatte, war erfolgreich gewesen; und dem Schreiner Mehne war es in jüngster Zeit nicht besser ergangen.

Der Schultheiß ging an seinen Schreibtisch zurück. Da lag das Gutachten des Ortsbaumeisters Ehmann für die Stuttgarter Regierung. Er überflog es noch einmal. Der Anfang lautete nüchtern und knapp: »Schwenningen liegt auf der Wasserscheide zwischen Donau und Rhein, 700 m über dem Meer. Zu Tage tretende Quellen gibt es auf der Markung nicht, wenn nicht der sogenannte Neckarursprung dafür gehalten werden soll, der indessen Wasser nur in sehr geringem Maß, und Trink- oder

Kochwasser überhaupt nicht bietet, da er tatsächlich nur eine Sickerung aus dem Torfmoor ist.
Für die öffentliche Wasserversorgung sind seit langer Zeit rings um den Ort fünf Sickerungen angelegt, welche durch eine Rohrleitung sieben Brunnen speisen und durch deren Abwässer noch einige Nebenbrunnen versorgt werden. Noch nie konnte dieser Wasserzufluß, der im ganzen 40 Liter pro Minute beträgt, dem Bedürfnis genügen. Manche Bürger lassen Brunnen errichten, wenn sie die Aussicht haben, auch nur einen Teil ihres Bedarfs zu decken. Gesellschaften von sechs bis zwölf und mehr Teilhabern an derartigen Brunnen sind wiederholt in die Grundbücher eingetragen worden. Außerdem bestehen einige hundert private Pumpbrunnen, von welchen nur ein Teil mehr Wasser abgibt, als ihre Besitzer selbst brauchen, während ein größerer Teil häufig ganz ohne Wasser ist.«
Es klopfte. Wachtmeister Schiler meldete sich zum Rapport. Am frühen Morgen war es beim Guller-Brunnen zu einer Schlägerei gekommen. Zwei Familien auf dem Sturmbühl hatten zusammen schlachten wollen. Doch als die Mannsleute gekommen waren, das Brühwasser zu holen, war schon eine lange Reihe von Weibern am Brunnen gestanden. Und je länger die Leute gewartet hatten, um so spärlicher war das Wasser geflossen. Da hatten die Männer die Geduld verloren. Sie hatten versucht, die Weibsleute beiseite zu drängen, und dabei ein Mädchen auf dem Glatteis zu Fall gebracht. Darüber waren die Wartenden so erbost gewesen, daß sie den Männern die Eimer entrissen und ihnen ein paar Kübel von dem eiskalten Wasser über die Köpfe geschüttet hatten. Die Angegriffenen hatten mit Faustschlägen und Fußtritten geantwortet, und erst nach geraumer Zeit war es den herbeilaufenden Nachbarn gelungen, die Streitenden zu trennen. Weil das Mädchen sich verletzt und amtlich gegen die Männer geklagt hatte, war der Wachtmeister den halben Tag unterwegs gewesen, um die Zeugen zu verhören.
Der Schultheiß ließ sich das Protokoll geben und schickte den Mann wieder weg. Solche Auftritte waren ihm nichts Neues.

Auch Ehmann schrieb in seinem Bericht davon: »Viel schlimmer gestaltet sich die Wassernot in Zeiten allgemeiner Trockenheit oder bei strenger Einwinterung, wie wir sie mit Grauen in diesen Tagen wieder herbeikommen sehen. Da ist keine Stunde der Nacht, in welcher nicht gerade bei stärkster Kälte die Wassersuchenden oft in weite Entfernungen wie auf Raub ausziehen. Da werden die wenigen ergiebigen Brunnen durch ihre Besitzer unter Kette und Schloß gelegt und nur zu einzelnen Tagesstun-

den bis zur jeweiligen Erschöpfung freigegeben. Da stehen dann die Bedürftigen in langen Ketten und harren, bis die Reihe an sie kommt. Und nicht selten, wenn das Recht des Stärkeren sich geltend machen will, entwickeln sich die häßlichsten Szenen.«
David Würth, der lange Zeit bei der Feuerwehr aktiv gewesen war, hatte den Ortsbaumeister gebeten, in seinem Schreiben auch auf die besonderen Schwierigkeiten bei der Brandbekämpfung hinzuweisen. Er nickte zustimmend mit dem Kopf, als er die entsprechenden Sätze las: »Für Feuerlöschzwecke sind zwei Schwellvorrichtungen im Neckar angebracht, die oft fast zwecklos sind, da der Neckar während großen Teilen des Jahres beinahe kein Wasser liefert. Die höheren Ortsteile können nur mit Mühe und Zeitverlust bedient werden, weil die Entfernung und Steigung zu groß sind (Höhenunterschied bis zu 36 m). Es ist nötig, auf der Strecke in entsprechenden Abständen Hydrophore zu postieren und das Wasser erst von einem nach dem andern und schließlich zur Brandstelle zu fördern. Aber es gibt auch Ortsteile, die sogar auf diese Weise nicht zu erreichen sind. So ist hier der Inhalt der Jauche- und Abtrittgruben zu einem zwar ungenügenden, aber unentbehrlichen Feuerlöschmittel geworden.
Es ist eine Erfahrungstatsache, daß Brände häufig epidemisch auftreten, wie auch die Gemeinde vor drei und fünf Jahren schwer zu kosten bekam, wo trotz der anerkannten Schlagfertigkeit der hiesigen Feuerwehr, trotz der größeren Wasservorräte, welche die Bärenbrauerei mit ihren vorzüglichen Beförderungsmitteln zufällig zu Hilfe senden konnte, es nicht möglich war, das Feuer auf seinen Entstehungsherd zu beschränken, und wo jeweils mehrere Gebäude dem Feuer zum Opfer fielen.«
Der Schultheiß legte den Bericht beiseite und rückte sich das Konzept zurecht, an dem er vorher gearbeitet hatte. Er brauchte Rat, dringenden Rat. Seine Gemeinde drohte zu ersticken in der Fülle ihrer Aufgaben. Die Wassernot war nur eine unter vielen Bedrängnissen. Da standen vornedran die ungezügelten Neubauten. Vor zwölf Jahren noch hatte das Dorf 700 Häuser gezählt;

jetzt waren es schon über 1200 – die meisten davon einstockige Arbeiterhäuschen, deren Besitzer kaum Steuern bezahlten. Und doch wollten sie alle ihre Straße, ihren Anschluß an die Kanalisation haben. Wie sollte die Gemeinde dieses kilometerlange Straßennetz verkraften? Und immer dringender verlangten die Leute nach Gas oder nach Strom für die Haus- und Straßenbeleuchtung. Und immer reichten die Schulräume und die Lehrerstellen für die vielen Kinder nicht aus. Auch das Krankenhaus und das Armenhaus waren viel zu klein geworden. Die Kontrolle der zugereisten Arbeiter wurde mit jedem Jahr schwieriger; es mußten mehr Gemeindebeamte eingestellt werden. Das alles kostete Geld: Erhöhung des Gemeindeschadens, der Feuerwehrbeiträge, der Gebühren!
Lange hatte er sich überlegt, an wen er sich um Rat wenden könne. Dann hatte er erfahren, daß Zuffenhausen und Feuerbach, Dorfgemeinden vergleichbarer Größe, vor ähnlichen Problemen standen. So hatte er Fragebogen für die dortigen Ortsvorsteher zusammengestellt. Die sollte ihm Ratsschreiber Kohler ins reine setzen und morgen gleich wegschicken. Sobald er Antwort hatte, wollle er die Notlage des Dorfes wieder einmal mit dem Gemeinderat gründlich besprechen und dann, wenn möglich, die Staatsregierung um Hilfe angehen.
Er löschte die Erdöllampe und machte sich auf den Heimweg.

Der Bericht über die Wassernot, das Konzept an die Ortsvorsteher und die Antwort des Schultheißen von Zuffenhausen liegen im Schwenninger Archiv.

1907

36 Die Stadterhebung

Bauern grollen, Arbeiter streiken, Bürger feiern

Es wollte keine rechte Feststimmung aufkommen in der jungen Stadt. Zwar hatte das Festkomitee seit Monaten schon Programme entworfen und Einladungen verschickt. Und jetzt feierten mehr als 200 Ehrengäste beim Festessen im »Saalbau«. Am fahnengeschmückten Bahnhof waren sie vom neugebackenen Stadt-Schultheißen Würth empfangen und durch die Ehrenpforte geleitet worden, über welcher zu lesen stand: »Willkommen in der Neckarstadt, die heute den Geburtstag hat.« Am frühen Morgen waren die Musikkapellen durch das Dorf marschiert und hatten die Bewohner dran erinnert, daß sie von nun ab Städter waren. Im Festgottesdienst hatte Stadtpfarrer Eitel sich gefreut, daß seine Stadt-Kirche endlich einmal übervoll geworden war. Und natürlich fühlten sich die Schwenninger geehrt, daß der Regierungspräsident Hofmann und der Regierungsrat Mezger persönlich zur Stadterhebung gratulierten. Als dann der Stadtschultheiß Glückher von Rottweil gestehen mußte, er sei nicht frei von Neid, weil die Oberamtsstadt immer noch zu den »kleinen Städten« im Land gerechnet werde, während Schwenningen mit einem Mal eine »mittlere Stadt« geworden sei, da konnte man in den Augen der Gemeinderäte den Stolz aufleuchten sehen.

Aber den Einheimischen im Saal blieb es doch bohrend bewußt, daß die eine Hälfte der Einwohnerschaft nicht mitfeiern wollte. Von den reicheren Bauern war kaum einer erschienen. Sie hatten sich schon vor 40 Jahren, anno 1866, mit aller Kraft gegen das Ansinnen des Gewerbevereins gewehrt, bei der Regierung um

die Anerkennung als Stadt einzukommen. Sie hatten auch zur Jahrhundertwende, als die Einwohnerzahl die Zehntausend überschritten hatte, nichts davon wissen wollen, obwohl Feuerbach und Zuffenhausen sich um diese Ehre rissen. Und sie waren recht erbost, daß sie nun von Gesetzes wegen dazu gezwungen wurden, ihren dörflichen Stolz dranzugeben.

»Württembergs größtes Dorf!« – das war ein einzigartiger Ruhm gewesen. Was bedeutete es demgegenüber, jetzt die vierzehnte unter den mittleren Städten zu sein!? Die paar Bauern, die trotz allem zum Festessen gekommen waren, erfüllte es mit grimmiger Genugtuung, daß eine junge Hippenträgerin ein Gedicht »Abschied von Alt-Schwenningen« vortrug und darin sagte: »Drum werdet iar verzeiha, wenn i net gratulier; i ka me halt net freua, i ka gwiß nex darfür.« Der Schultheiß, der es gedichtet hatte, konnte zwar nach 33 Jahren immer noch nicht schwenningerisch; aber er wußte offensichtlich, wie es seinen Bauern an diesem Tag ums Herz war.

Viel schlimmer als die Stimmung unter der Bauernschaft war aber die Verbitterung unter den Fabrikarbeitern. Sie konnten und wollten es nicht vergessen, daß sie noch kein halbes Jahr zuvor einen schweren Arbeitskampf gegen die Fabrikanten hatten durchstehen müssen. Über tausend organisierte Kollegen waren ausgesperrt worden, hatten mit ihren Familien fast zwei Monate lang verzweifelte Not gelitten, und nur die Solidarität des ganzen Metallarbeiterverbandes im Schwarzwald, dessen Mitglieder alle von der Aussperrung betroffen waren, hatte ihnen die Kraft zum Durchhalten gegeben. Noch immer waren nicht alle, die damals vornedran gestanden, wieder eingestellt worden. Noch immer waren nicht alle Söhne, die damals trotzig in die Fremde gegangen waren, wieder zurückgekehrt. Noch immer fehlte es einzelnen Familien am Nötigsten für den Winter, an Brennholz und Kartoffeln. Und noch immer nagte der Groll am Herzen, daß die Streikenden und Ausgesperrten am Ende hatten klein beigeben müssen vor den Fabrikanten, die jetzt obenan saßen an der Festtafel.

Andreas Vosseler, der sozialdemokratische Gemeinderat, hatte es nicht übers Herz gebracht, sich mit denen an einen Tisch zu setzen, und war der Feier ferngeblieben. Ihm erschien es wie reiner Hohn, daß das neue Schwanenwappen auf dem gedruckten Festprogramm von einem Bauern in der Zipfelkappe und von einem Uhrmacher gehalten wurde, hinter welchem die Fabrikkamine qualmten. Jawohl, die beiden hatten das Dorf herausgebracht aus dem Hunger und der Armut der Jahrhundertmitte. Aber ihr Fest war es nicht, das die Herren jetzt im Saalbau feierten.

Nun, es gab trotzdem viele Tausende, die den Ehrentag der Gemeinde von ganzem Herzen genossen. Zwar ließ die Dezemberkälte weder Bierzelt noch Gartenfest zu, und selbst der geplante Fackelzug mußte ausfallen, weil die Straßen voller Glatteis waren. Auch die Jugend mußte sich mit einer Festansprache in der Turnhalle, mit einer Brezel und Richard Bürks Uhrmacherbüchlein begnügen. Die Erwachsenen aber vertröstete man auf den nächsten Sommer; bis dahin wollte man die Neckarquelle auf der Möglingshöhe so umgestalten, daß sie der Gemeinde und dem ganzen Schwabenland zur Zierde gereichen würde. Schon hatten die auswärtigen Schwenninger, allen voran die Amerikaner, und viele ansässige Bürger an die 10000 Mark dafür gesammelt.

In der »Neckarquelle« konnten die Leute jedoch anderntags lesen, was die beiden Regierungsvertreter, der Stadtschultheiß und der erste Stadtpfarrer, die Abgesandten der Nachbargemeinden und die eigenen Honoratioren Rühmliches über die Gemeinde geredet hatten, und wie die vom Schultheißen verfaßten Gedichte alle angekommen waren. Überdies war der Saalbau beim abendlichen Festbankett gestopft und übervoll, die Musik- und Gesangvereine gaben ihr Bestes, Fabrikant Kienzle hielt einen ausführlichen Vortrag über die Entwicklung des Marktfleckens zur Industriestadt, und an den König ging ein Telegramm ab, in welchem die Gemeinde sich für den 500jährigen erhabenen Schutz des württembergischen Fürstenhauses

bedankte und um fernere gnädige Unterstützung bat. Noch am selben Abend wurde der telegrafische Dank des Königs vorgelesen und löste brausenden Jubel aus.
Zwei Wochen später kam dann in der Zeitung auch noch Volkes Stimme zur Geltung in einem Gedicht, das alle einheimischen Schwenninger mit Schmunzeln lasen:

Wa 's Hanassa Michilis Maarte bim Stadtfest fir a Reed g'halta hett, wemmer dear dumm Kerle hett reda lau.

Miar Schwenninger, miar maid a Fest jetzt fiira,
Wiil is der Staat hät under d'Städt versetzt;
Miar sind so ällsgmooch luuter Herra woara,
Und wussad nimma, wia mer biirisch schwätzt.
Zum letzta Mool maid mer is hit druf bsinna
Bim Abschiednea vu deara Buuraziit –
An räata Städter mua sich nuu drab schämma –
Suß iberlond mers halt den aalta Liit.
Miar machad Uura, miar lond Rädle surra,
Und Kämmit roucha, und sell hond mer gnuag;
Miar kundad der ganz Taag i d'Stuba hucka
Und pfiifad uf der Acker und der Pfluag.
Wenn sell nit herrisch ist, no woassis nimma;
Di toala friile mond halt no in Staal
Und no da Kiaja und der Miste gucka;
Sell ist suß bi da Herra nit der Faal.
Miar hond elektrisch Liat und Wasserlaiting!
Vu selber väärid mer jo nit druf kuu,
's hets oan amool schiargaar mit Gwaalt verzwunga,
Und fast äll Liit hond gseit, as tääts ou druu.
Jetzt ist es iisern greesta Stolz im Flecka –
Halt! Soo daarst nimma saga! – i der Stadt!
Wäär äpper doo, wos kint i Oarning haalta,
Sell wäär is räat, no luofid beid no glatt.
Fir iisre Stroosßa hond mer schaine Namma,
So nobel als mers z'Stuakert finda kaa;

Do stoot as z'lesid, wia miar Kuust vereerad,
Do stond äll Dichter und äll Kinig draa.
Miar sind a Stadt und mond uf Bilding haalta;
Und wenn ko Hippawiib mee ummalouft
Und kos mee buurat, no erst sind mer z'frida;
's daar nimma sii, siit mer sind Städter touft.
Miar wussad, wa fir Eer miar hond vum Necker,
Und boubad imm a stoane Quellahuus;
Ist ou ko Quella doo, miar machad oane,
Suß käm firs Land konn Tropfa Wasser druuß.
Jetzt kaa konn Maitsch mee zwiifla, daß miar Städter
Der räat Sinn hond, und i hau's Reda satt.
Drum maid mer is ou sele driber freiba
Und riafad luut: Hooch iisa neibe Stadt!

Alle Einzelheiten über die Feier zur Stadterhebung, über die Haltung der Bürger und der Bauern, auch über den Arbeitskampf der Schwarzwälder Metallarbeiter, sind dem hiesigen Archiv, vor allem aber den fortlaufenden Nummern der Schwenninger Tageszeitung »Die Neckarquelle« entnommen. Sie erschien damals bereits im 28. Jahr. Dort, in Nr. 295, stand auch das obige Gedicht abgedruckt. Es stammt von Professor Dr. Karl Haag, einem gebürtigen Schwenninger und anerkannten Mundartforscher. Schade, daß er nicht unser Heimatdichter geworden ist; er hätte das Zeug dazu gehabt.

Sachregister

Begriffe, welche bereits im ersten Band erklärt worden sind, wurden hier nicht noch einmal aufgenommen. Ebenso wurden alle Schwenninger Flurnamen weggelassen; sie sind einem späteren »Flurnamenbuch« vorbehalten.

abfrezen abweiden
afanzieren avancieren, vorrücken
Allmand alles gemeindeeigene Land: Wege, Wegraine, Ortsstraßen, Äcker, Wiesen, Weiden, Ödland, Moorland, Wälder
Amt Oberamt (bis 1842 Tuttlingen, bis 1971 Rottweil)
Amtmann meist soviel wie »Oberamtmann«. (Durch Ämterkauf erlangte Vogt Christian Schuler 1763 den Titel »Amtmann«, der jedoch ohne inhaltliche Bedeutung blieb.)
Amtsschaden entspricht der heutigen »Kreisumlage«
Amtsschreiber Beamter für Verwaltungshilfe und zivile Gerichtsbarkeit, später Aktuar und Notar
Angersen Feldrüben
Anträgerin Person, welche die Ährenbündel zum Garbenbinden »anträgt«
attention Aufmerksamkeit, Beachtung
Ausmercklung Ausmerglung, Austrocknung
Ausschlag Weiderecht, für jeden Viehhalter besonders errechnet

Babart Bannwart, Feldhüter
Badhaus schon im Mittelalter bezeugtes Gesundheitsbad östlich des Dorfes, 1622 abgebrannt und nicht wieder aufgebaut
Baccalaureus unterster akademischer Grad
Barn oberes Gefach der Scheune, zum »Aufbarnen« von Heu und Stroh
Beber religiöse Schwärmer, die in bebende Verzückung geraten und Christi Wiederkehr erwarten
Beimühle kann Futterstampfmühle oder Sägemühle sein
Beiträger → Träger
Bennerwägile mit Brettern eingefaßter vierrädriger kleinerer Wagen
Bläsisch dem Kloster St. Blasien zugehörig
bliemen anblümen, ansäen
Borkirche Kirchenempore
Brandversicherung im württ. Landtag 1772 beschlossen, 1773 allgemein eingeführt
Büchsenschifter Handwerker für Gewehrschäfte
Burgermeister Gemeinderechner, -pfleger; meist sind es zwei – der eine aus dem → Gericht, der andere aus der Gemeinde gewählt; der eine ist für das laufende Rechnungswesen, der andere für das Sachvermögen der Gemeinde zuständig

Capitaine Hauptmann
Chasseur Jäger in der französ. Armee
Chirurgus Wundarzt

Closterschule in Württemberg bestanden nach der Reformation 4 höhere und 9 niedere Klosterschulen; zu letzteren zählten Alpirsbach, Adelberg und St. Georgen

Conductor Reiseführer

Consorten → Träger

Corporal Unteroffizier

Curaßier schwerer Reiter mit Brustharnisch

Diaconus Inhaber eines 2. Pfarramts unter einem 1. Geistlichen

Domestiken Bedienstete

Dragoner leichte Reiter mit Gewehren

Ehhalten Knechte und Mägde

elend (das) bauwen vermutlich: heimatlos in der Fremde sein

Emigranten weilten vom 29. Oktober bis 5. November 1792 hier

Erbjagd erbliche Jagd, Adligen vorbehalten. → Gnadenbezirk, → Jagdgerechtigkeit

Erbrecht in Schwenningen galt bis zum 30jähr. Krieg das örtlich überkommene Anerbenrecht des jüngsten Sohnes neben dem altwürttembergischen Realteilungsrecht

Erdbihren Erdäpfel, Kartoffeln

Esper Futterklee, Esparsette

Extraordinari-Steuer 1681 als »außerordentliche Ablösungshilfe« zur Deckung der ständig wachsenden Kriegskosten (französ. und span. Erbfolgekriege) neben der → Ordinaristeuer eingeführt

Factor Geschäftsführer, Werkführer

ferndig früher, vergangen

Flecken Dorf

Florettkämmen Bearbeiten des Abfalls der Naturseide

Fourage Futter, Verflegung

Frevel vom Dorfgericht für kleinere Vergehen verhängte Strafe; die »kleine Frevel« (3fl 15cr) entspricht ungefähr 5 Tagelöhnen

Frieser Gemeindeangestellter, der die Straßen- und Wassergräben sauberhält

Fronmeister Gemeindeangestellter, der alle außergewöhnlichen Arbeiten durchführt oder überwacht

Fruchtgült Naturalabgabe in Form von Getreide (im Lauf der Neuzeit allmählich durch Geld-Zins abgelöst)

Furke dreizinkige Ladegabel

Futterstampfe → Beimühle

Gant Zwangsversteigerung

Gelte (Gölte) Holzzuber

Gemeindescheuer erst bezeugt seit dem 18. Jh., stand nördlich der Kirche und diente der Aufbewahrung der Erträge aus nicht vergebenen Allmandfeldern. Nicht zu verwechseln mit der → Zehentscheuer

Gerbgang Dinkelkörner müssen vor dem Mahlen »gegerbt«, d. h. von den Spelzen befreit werden; dazu dient der Gerbgang

Gericht Gemeinderat. Mindestens seit dem Ausgang des Mittelalters sind hier die Dorfverwaltung und das Dorfgericht im »Gericht« vereinigt; ihm unterstehen alle Dorfbeamten und Dorfbediensteten, dazu die unterste Gerichtsbarkeit, die örtliche Steuerhoheit und die Polizeigewalt

Gnadenbezirk Jagdgebiet, welches Bürgern oder Bauern auf Widerruf zur Jagd überlassen wurde. Hier um den Ort stand das Jagdrecht auf Niederwild ursprünglich als Gnadenjagd der Stadt Villingen zu, welche es aber zu einem unbekannten Zeitpunkt der Gemeinde Schwenningen abtrat. → Erbjagd, → Jagdgerechtigkeit

Haiß Gewand, Kleidung

Halbmaßkanne faßt 0,85 Liter

Hasenohren Speisepilz

Heiligenpfleger Verwalter des Kirchenguts und -vermögens

Hofraitin Hofraum zwischen den verschiedenen Gebäuden eines Bauernhofs

Hungarische Viehseuche Rinderpest

Hurenwaibel Aufseher über den Troß im Landsknechtsheer

Husaren leicht bewaffnete Reiter in ungar. Tracht

Hydrophor Saugfeuerspritze

Jagdgerechtigkeit In Schwenningen gehörte die Jagd auf Hochwild den Grafen von Fürstenberg. Der Streit um die genaue Grenze zwischen fürstenbergischer und württembergischer Jagdhoheit dauerte Jahrhunderte

ingenium Begabung

Inventierer geschworene Beisitzer bei Inventuraufnahmen für Eheverträge und Nachlaßverhandlungen

Käarnabrot Weißbrot aus Kernen(Dinkel)mehl

Käskiste selbstgezimmerter, einsitziger Rodelschlitten

Kauf- und Rathaus erbaut 1830, nachdem Schwenningen das Marktrecht verliehen worden war; bereits 1850 beim großen Brand wieder vernichtet; stand an der Stelle des heutigen Rathauses

Kirchendußler Aufseher über die Kirchenzucht während des Gottesdienstes

Kirchenkonvent Ausschuß zur Überwachung der öffentlichen Zucht und Ordnung, bestehend aus Vogt, Pfarrer und einigen Gemeinderäten; 1644 zur Bekämpfung der Sittenverwilderung in Württemberg eingeführt, 1891 wieder aufgehoben

Konventikel außerkirchliche Versammlung zur religiösen Erbauung

Körnen Feinarbeit beim Schleifen eines Mühlsteins

Kornett Fähnrich

Korporal Unteroffizier

Kriesewasser Kirschwasser

Lagerbuch Verzeichnis der Landesherrschaft über alle örtlichen Grundstücke, deren Rechte und Lasten, auch über Steuern, Strafen, Gebühren – überhaupt alle Einkünfte öffentlich-rechtlicher Art –, ging allmählich in Kataster und Grundbuch über. Andere Bezeichnungen: Urbar, Berain, Rodel

Laurentius 10. August

lectionis sextae classis Lehrstoff der Sexta (unterste Klasse der höheren Schule)
Liga, Katholische 1538 zwischen Kaiser und Papst gegen den protestantischen Schmalkaldischen Bund gegründet. 1619 wurde das ligistische Regiment Colalto auf der Baar einquartiert
lutherisches Brot vermutlich: Abendmahl in beiderlei Gestalt

Magister das Studium abschließender akademischer Grad
Marodeur plündernder Nachzügler einer Truppe
Martini 11. November (Steuertermin)
Memorial Bitt-, Denkschrift
Morgen der württ. Morgen faßt 31,52 ar

Neckarquelle, die Schwenninger Tageszeitung, 1880 gegründet
Nervenfieber Typhus
Novalzehnt Abgabe für neu umgebrochenes Ackerland (aus Wiese, Weide, Ödland)

Obervogt Landesbeamter an der Spitze eines Oberamts; meist ein Adliger: leitet Verwaltung, führt höheres Gericht, hebt Landesaufgebot aus
Obristleutnant Stellvertreter des Oberst
Obristwachtmeister Major
Observanz überkommene Ordnung, gebräuchliches Recht
Öhmdwiesen zweimähdige Wiesen, im Unterschied zu den einmähdigen Adelwiesen
Ordinari 1554 anstelle der Landsteuer und des Schloßgeldes eingeführte Steuer auf alle Liegenschaften; der Steuerfuß beruhte auf örtlichem Herkommen und war deshalb nicht einheitlich im Lande
Ösch die Gemarkung wurde zur Zeit der Dreifelderwirtschaft in 3 Ösche (Esche) oder Zelgen eingeteilt: Sommer-, Winter- und Brachösch

Pest schlimme Pestjahre in Württemberg: 1502, 1530, 1564, 1597, 1610, 1626, 1635 und viele mehr
Pfund (heller) noch 1570 wurde hier in zweierlei Währung gerechnet; dabei entsprach 1 Pfund »Costanzer Währung« = 40 Creuzer Württembergischer »Landeswährung« (1 Pfund = 20 Schilling = 240 Pfennig; 1 Gulden = 60 Kreuzer)
Piquet Feldwache
Praedicant protestant. Prediger
praedicatum Zeugnis
Presser Gerichtsvollzieher
progressus Fortschritt
Provisor Gehilfe des Lehrers

Quadratrute 8,21 Quadratmeter
Quadratschuh 0,08 Quadratmeter

RentCammer Finanzamt
Repetent Studienhelfer am evang. theolog. Stift in Tübingen
Rescript Erlaß, Verordnung

riderirent retirieren, sich zurückziehen

Ruggericht 1495 eingeführtes Jahrgericht des → Obervogts zur Revision der Gemeinderechung, zur Rüge von Übertretungen der Gemeindeordnung, zur Prüfung der gesamten Gemeindeverwaltung, zur Bekanntgabe neuer Landesordnungen und zum »Durchgang«, d. h. zur Entgegennahme von Wünschen und Beschwerden der Bürger

Salär Gehalt, Lohn

Sappeur Pionier

Schabracke verzierte Decke unterm Pferdesattel

Schärfbock Gestell zum Schärfen des Mühlsteins

Schmalvieh Jungvieh (hier gebräuchlicher Name: Gustherde)

Schreiberlein Schreibgehilfe des Stadt- und → Amtsschreibers

Schütz Feldhüter, Gehilfe des Bannwarts

Schwarzer Engel angeblich der Name einer Wirtschaft auf dem Angel. Die erste sicher bezeugte Wirtschaft war die im → Badhaus

Spähn und Irrung rechtliche Streitigkeiten und Unklarheiten

Strählmacher Kammacher

Substitut Stellvertreter des → Amtsschreibers

Supplik Bittgesuch

Tanzlaube öffentliches, von der Gemeinde überwachtes Tanzlokal

Thermidor elfter Monat im Kalender der französ. Revolution (13. Th. im 4. Revolutionsjahr = 5. Dezember 1796)

Thung Dünger

Träger bei Teilung eines Lehens bestimmte der Grundherr einen der Teilhaber, meist den Besitzer des größten Anteils, zum Träger (Gültreicher, Zinssammler). Er bekam einen »Trägereyzedel« ausgehändigt, auf dem alle »Beyträger« oder »Consorten« samt ihren Güterstücken und den darauf ruhenden Schuldigkeiten verzeichnet standen. Der Träger mußte alljährlich die Anteile einsammeln und dann »aus einer Hand« der Herrschaft abliefern. Dafür bekam er von den Beiträgern ein kleines Entgelt

Trog (beschlossener) Kleidertruhe, gewöhnliches Eigentum einer volljährigen oder verheirateten Weibsperson

Turm Amtsgefängnis → Zuchthäusle

Untervogt Stellvertreter des Dorfvogts; häufig wurde er dessen Nachfolger. Oft war er der Schwiegersohn des Vogts; der Vogtssohn kam im Regelfall dafür nicht in Betracht, da laut Gesetz keine Blutsverwandten zusammen im → Gericht sitzen durften

verklausen am Nikolausfest als »Klaus« besuchen und beschenken

Veesen(Fesen)reicher alle Schwenninger Hausbesitzer, welche ein Holzrecht im herrschaftlichen Kaufholz in Anspruch nahmen und dafür einen jährlichen »Holzscheffel« in Höhe von 4 Simrj Veesen (Dinkel) zu reichen hatten (8 Simrj, falls Haus und Scheuer nicht »unter einem Dach« gebaut waren). Dafür stand ihnen Bauholz zum jeweiligen Neubau und zur Ausbesserung ihrer Häuser, auch das notwendige Brennholz zu

Veesen(Fesen)wald derjenige Teil des herrschaftlichen Kaufholzes, welchen die → Veesenreicher nach ihrem Prozeß 1828 zugesprochen bekamen. Der V. ist uralter Kulturboden, birgt Grabhügel aus der Bronze- und Hallstattzeit, auch Reste einer Keltenburg

Visitator weltliche und geistliche Vertreter der Regierung besuchten die Dörfer in regelmäßigen Abständen zur Prüfung der Amtsgeschäfte

Vogtrecht in Schwenningen: Abgabe an Landesherrn, nur von altüberlieferten Höfen zu entrichten; vermutlich war es ursprünglich eine Abgabe an den Gerichtsherrn für dessen richterlichen Schutz oder ein Ersatz für den Unterhalt, den die Glieder des hiesigen Gerichtsbezirks dem Richter und seinen Begleitern schuldig waren

Vogtsmühle laut Urkunde von 1583 ist sie Teil des »Vogtslehens«; nachdem 1712 neckarabwärts eine weitere Mühle gebaut wurde, hieß die Vogtsmühle die »Obere Mühle«. Später wurde eine dritte, dazwischenliegende Mühle als »Vogtsmühle« bezeichnet

Waddelmuus bäuchlings rodelnd den Schlitten mit den Beinen lenken wie eine »Wadelmaus«

Wazz Mut, Schneid

Widmer Reisighaken

Widerlegung Erstattung, Ausgleich

wieslos verkalkt, unzurechnungsfähig

winterhäldig nordseitig, an der Winterhalde liegend

Winterprovisor Lehrergehilfe, der nur für die Winterzeit angestellt wurde, wenn die Bauernkinder Zeit zum Schulbesuch hatten

Zehentscheuer Zur Aufbewahrung der Zehntfrüchte, von denen hier 5/8 der Herrschaft Württemberg, 3/8 dem Kloster St. Georgen zustanden.

Zensusrichter Gemeinderäte, die dem → Kirchenkonvent angehörten

Zuchthäusle Ortsarrest

Personenregister

Die Personennamen sind, soweit möglich, in ihrer heutigen Schreibweise wiedergegeben. Personen ohne Herkunftsangabe stammen von Schwenningen. – Die verschiedenartige Schreibweise der Jahreszahlen bedeutet: »1601« = nur einmal in Urkunden ermittelt; »1601–1648« = während dieser Zeit im Amt; »1601/1632« = in diesem Zeitraum mehrmals in Urkunden genannt; (1601–1681) = Lebenszeit. – Die Ziffern auf der rechten Seite geben die Nummer der Erzählung an. – Zeichen: * = geboren; † = gestorben; ⚭ = verheiratet; gef. = gefallen; verm. = vermißt.

Ortsregister